THE Lull-a Baby Sleep Plan

7日間で完結！

赤ちゃんとママのための「朝までぐっすり睡眠プラン」

キャサリン・トビン 著
村井理子 訳

大和書房

こんにちは、赤ちゃん！

あなたのご家族と一緒に、私の秘密の睡眠プランを学べることを、とてもうれしく思っています！

この本では、あなたを眠りの世界へ導く方法を教えるだけでなく、どうやったら朝までぐっすり眠ることができるのかを、お伝えしたいと思っています。

私の夢は、あなたのご両親やおじいちゃん、おばあちゃん、そしてあなたのことが大好きなすべてのみなさんと、愛情たっぷりの眠りの時間をつくる、またとない大切なチャンスについて考えること。きっとあなたも満足できると思います。

心配しないで。パパもママも、すぐに理解してくれるはずよ。

Contents

寝かしつけ戦争はもうおしまい！

ママ、そしてパパへ

生まれたばかりの赤ちゃんを、朝までぐっすり眠らせることができる秘密を教えますよと言われたら、あなたはどうしますか？

本書に書かれた情報の通りにすれば、**最速7日間で成果が出る**ってわかったら、どうします？

10年以上前にこの仕事をはじめたときは、生まれたばかりの赤ちゃんを一晩寝かせ続けることが、こんなに簡単なことだとは、思いもしませんでした。それに、他の赤ちゃん専門のドクターたちと同じように、生まれたばかりの赤ちゃんのママやパパは、夜泣きを受け入れて耐えなければならないものだと考えていたのです。

私はただ、疲れきった両親に共感していたのですが、薄っぺらで中身のない、「いつか終わりますから」や「日中になるべく昼寝をするようにしてくださいね」という言葉をかけることしかできていなかったのです。

ここ20年ほどの間に研究が進み、乳幼児の睡眠トラブルについて、私たちはより詳細な情報を得られるようになっています。トラブルの原因となっていたのは、効果的ではない赤ちゃんへの接し方、間違ったタイミング、そしてくせがつきやすい寝かしつけです。こういった実態が、ママやパパの睡眠時間を増やすために参考にされることはありませんでした。

世界でもっとも忙しい小児病院、カナダにあるトロント小児病院での研修が終了したとき、私はショックを受けていました。乳幼児の睡眠トレーニングに関するアメリカの考え方は、完全に時代に逆行しているように思えたからです。最初に悪い睡眠習慣を赤ちゃんに植えつけ、その後に今度は極端な手段を使って、それを直そうとしていたのですから！

この致命的な間違いに気づいてから、深刻な睡眠不足の問題を解決する方法がはっきりとわかったのです。**もっともっと早い段階で、赤ちゃん自身がいい睡眠習慣を身につけられるよう親がサポートすれば、悪い習慣を取り除く必要がなくなるのです。**この考え方は、乳幼児の睡眠問題に風穴を開けることになりました。「絶好のチャンス」の発見です。

「絶好のチャンス」は、生後6週から2ヵ月の乳幼児に訪れます。

いい睡眠習慣の定着が可能な時期で、とても重要ですが、ほんの一瞬のできごとです。この時期は、赤ちゃんが受け入れ態勢を整えることで、与えられるものなのです。残念なことに、この赤ちゃんの成長期の大切な時期を、多くの親や医師は気づいていないのです。

どんな赤ちゃんでも「ぐっすり睡眠」できる

本書は、まさにこの「絶好のチャンス」のために記されました。

この先のページには、乳幼児にぴったりの睡眠習慣についての説明や、

「朝までぐっすり睡眠プラン（Lull-a-baby sleeping plan）」をはじめるベストな時期の見極め方について書いてあります。

でも、もうその時期が過ぎてしまったという方もご安心を。この魔法のような「絶好のチャンス」を逃してしまった方に向けて、この先どのようにすればいいのかを書きました。

あなたの赤ちゃんも、そしてあなたも、つらい経験をすることなく、赤ちゃんを眠りの世界に導いてあげられる方法がここに書かれています。「朝までぐっすり睡眠プラン」のすばらしさは、すぐにわかっていただけると思います。**よく眠る赤ちゃんになるには、ほんのちょっとのきっかけが必要なのです。**

さあ、はじまります！

寝かしつけ戦争はもうおしまい！

はじめに
「朝までぐっすり睡眠プラン」とは？

健康的な睡眠習慣を赤ちゃんに教えるために、ブートキャンプに入隊させ、疲れて寝るまで泣かせる必要が、本当にあるのでしょうか？　ありがたいことに、答えはノー！

小児科医としての10年の経験、16万人へのコンサルティング、そしてこの睡眠プランで成功を収めた、何百組もの親子への聞き取り調査から、私には確信があります。

- どんな赤ちゃんにも、激しく夜泣きすることなく、朝までぐっすり眠る方法がある。
- 新米ママもパパも十分な睡眠をとることができる（やっとぐっすり眠れますね！）。
- 睡眠トレーニングをはじめるには、正しい時期がある（トイレトレーニングをはじめるのに、ちょうどいい時期があるように）。

「朝までぐっすり睡眠プラン」はとてもシンプル。〝正しい〟ことを〝的確な〟タイミン

グで行うのです。そうすれば、あなたの赤ちゃんは朝までぐっすり眠ってくれることでしょう。信じられませんか？ **赤ちゃんって、みなさんが考えているより、ずっと能力があるんですよ。**

「絶好のチャンス」が訪れているとき、赤ちゃんの脳は活発に動いています。周囲のできごとを全部吸収しようと必死です。そのできごとには、いい睡眠習慣（あるいは悪い睡眠習慣）も含まれているのです。

これはあなたが赤ちゃんをどのような環境で育てているかに関係しています。あなたが本書で学ぶことを挙げてみましょう。

Ｐａｒｔ1では、「絶好のチャンス」とはいつなのか、その訪れにどう気づくことができるか、そして、そのチャンスを上手に活用する「朝までぐっすり睡眠プラン」をご紹介します。

Ｐａｒｔ2では、赤ちゃんが外の世界に気づいたときに、健康的な睡眠習慣をやさしく教えることができる、心躍るけれど、あっという間に過ぎてしまう貴重な時期について説明しています。あなたが「絶好のチャンス」の重要性に気づくことができれば、あなたが何をすればいいか、選択肢は見えてきます。早めに行動しなければ、あなたも、あなたの赤ちゃんも辛い時期を過ごすことになってしまいます。でも、「絶好のチャンス」の時期を逃してしまっていても大丈夫。少し成長している赤ちゃんでも、その月齢が持つ能力を活かして、睡眠問題を解消する方法をお教えします。

最後に、赤ちゃんの睡眠問題にかんするありとあらゆる疑問に、私が医師として、そして4人の子を育てるベテランママとしての経験に基づいた答えをご紹介します。

Part 1

Look Who's Sleeping through the Night!

寝てる子だれだ？

〝ついにやった！〟あっという間に赤ちゃんを長く眠らせる方法

1さじのお砂糖で、
苦いお薬も飲めるのよ

メリー・ポピンズ

Chapter 1

「朝までぐっすり睡眠プラン」の準備

トレーニングなしでフルマラソンなんて走りませんよね？　だったら睡眠トレーニングをする前の赤ちゃんにも、準備運動が必要ですよね？

このプランで一番問題になるのが、あなたの極度の疲労。ですから、私がまずあなたにやってほしいのは、このプランをはじめる前に充電をすませておくこと。では、その方法を教えちゃいましょう。

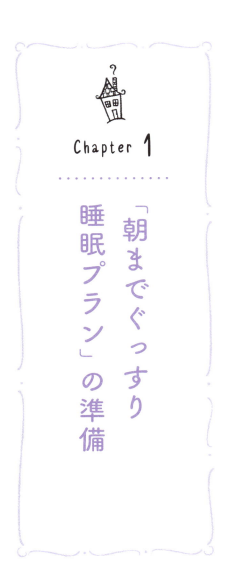

★全力で「寝かしつけ」に向き合うために

赤ちゃんに眠る方法を教える前に、あなたがこのアプローチに対して全力で向き合って欲しいのです。信念はきっと、ヨーヨーのように上がったり下がったりを繰り返すでしょうが、あなたの赤ちゃんのためです。最後までやり遂げましょう。もし信念が揺らいでしまったら、睡眠不足の深刻なリスクについてのチャプター6を読んでください。効果のない睡眠習慣を打ち破るのは、健康的な睡眠習慣を1から作り上げるより、あなたにとっても、赤ちゃんにとっても、とても難しいことなのだということを忘れないで。

★睡眠を理解する

睡眠の性質についてよく知っていれば、睡眠トレーニングの深い落とし穴に落ちることはないでしょう（チャプター5を読みましょう）。たとえば、夜中に目を覚ますことなんて、めずらしいことでも何でもなく、まったく普通のことだと気づくことができるのですから。**問題は、赤ちゃんがママやパパの助けなしにもう一度眠ることができないこと**にあるのです。

ですから、**あなたの仕事は、赤ちゃんがひとりで、もう一度眠り直すことができるように、自分を落ちつかせる方法を発達させてあげること**なのです。

★スタミナを蓄える

「ママ疲れ（パパ疲れ）」の感覚は、まるでゴールのないマラソンを走っているようなもの。この新しいレベルの疲労感への解毒剤は、昼寝しかありません。理想を言えば、**1日の間に短い昼寝を何度かすること**です。昼寝についてはチャプター9を参照しましょう。

★ユーモアを忘れないで

笑いは良薬とは、よく言ったものです。だって本当ですもの。笑うことはエンドルフィンを放出させてストレスを解消し、私たちの心をよりよい状態にしてくれます。笑える映画を借りましょう。楽しい本を読みましょう。コメディを見に行ってもいいでしょう（もちろん赤ちゃん抜きで）。あなたがリラックスすればするほど、道にできたデコボコを上手に避けられるのです。

★楽天家であれ

暗い場所で脳は眠り、明るい場所で脳は覚醒します。日中、屋内に居続けると、あなたとあなたの赤ちゃんの体内時計が狂ってしまうのはそんな理由からです。あなたも赤ちゃんも、毎日1度は家から出て、長めの散歩にでかけましょう。寒い日でも家から出るのです。新鮮な空気は、あなたにも赤ちゃんにもいい影響を与え、ぐっすり眠ることができますよ。

★人生はシンプルに

睡眠トレーニングを開始したら、他の活動は最小限にしましょう。もし、ほかに子どもがいたら、あなたがまったく正反対の方向に引っ張り回されないためにも、その子のための気晴らしを考えてあげましょう。

赤ちゃんの気質を理解しよう

感情的な赤ちゃんは存在します。あっという間に、とても幸せな状態から、すごくみじめな状態になってしまうのです。でも幸運なことに、そんな赤ちゃんは、みじめな状態から幸せな状態に、素早く戻ってきてくれるのです。「朝までぐっすり睡眠プラン」を効果的に実行するには、赤ちゃんの気質を知る必要があります。それを知ることで、赤ちゃんの睡眠の複雑さの度合いを知ることができるのです。また、積極的になり、問題を最小限に食い止め、大きな成果を得ることもできます。

40%の赤ちゃんが「扱いやすい」と考えられています。

ハッピーで柔軟であっけらかんとした赤ちゃんは、新しい環境に対してオープンです。10%の赤ちゃんが「活発」あるいは「難しい」とされ、この子たちはより活動的で、繊細で、頑固で、情熱的で、粘り強く、変化に抵抗します。15%の子たちが、この間に存在していて、すぐに泣き出すけれど、またすぐに機嫌を直すことができます。残りの35%は、状況の変化に対して気楽なときもあれば、機嫌が悪くなるときもあります。

大切なのは、あなた自身の赤ちゃんの性質を知ることです。それが重要なのは、この先に直面することになる問題を予測することができるからです。

たとえば、あなたの赤ちゃんが活発なうえに気まぐれな場合、夜中に目を覚ましてしまったら、下唇を吸うとか、空間を見つめるなどでは満足できないでしょう。特別なサポートが必要な赤ちゃんであるという知識は、あらかじめ、その対策を計画できるということです。さあ、たっぷり昼寝をして、パートナーと一緒にスケジュールを練り上げましょう。家族や友達に参加してもらってもいいでしょう。

左の質問は、あなたの赤ちゃんの性質を理解するためのものです。赤ちゃんの性質がわかれば、「朝までぐっすり睡眠プラン」期間中に起きるかもしれない問題を予測して、それに合った計画を事前に作ることができます。

1. 服を脱がせると泣いたり叫んだりしますか？ それともおとなしいですか？
2. お腹が空いたとき、子犬のようにくすんくすんと泣きますか？ それともライオンのように吠えますか？
3. 流れに身を任せることができますか？ それとも変化にいちいち驚きますか？
4. 居心地が悪いとき、徐々に機嫌が悪くなりますか？ それともすぐに叫びますか？
5. 神経が高ぶった後に、簡単に落ち着くことができますか？ それとも落ち着かせるには長い時間と努力が必要ですか？
6. ひとり遊びは好きですか？ それとも、すぐに退屈してしまいますか？

各質問の後半に当てはまるのならば、あなたの赤ちゃんはより激しく、敏感な性質を持っているでしょう。さて、赤ちゃんの性格を少し把握できたところで、「朝までぐっすり睡眠プラン」をはじめましょう。

「赤ちゃんは、ベッドで眠らせる」というルール

そう、赤ちゃんはベッドで眠りにつかなくてはいけません。

赤ちゃん用のかごと書かずにベッドと書いた理由がわかりますか？　このテクニックは、あなたが赤ちゃんとベッドをシェアしている場合でも、サイドベッドを使っている場合でも、赤ちゃん用のかごを赤ちゃんの部屋に置いて寝かせている場合でも、同じ効果があるからです。どの場所で寝かしつけても差はありません。

ただ、赤ちゃんはそのとき、**眠いけれど、起きている状態でなければなりません。**

すぐに、ベビーベッドから赤ちゃんを抱きあげなくても、赤ちゃんを落ち着かせることができると気づくはずです。この黄金のルールを、あるお母さんが解釈してくれました。

C医師は「赤ちゃんが自分のベッドで寝るのならば、何をしてもいいですよ」と言いました。だから、ベビーベッドに赤ちゃんと一緒に寝ました。私は小柄だから、一緒に寝ることができたんです。3ヵ月のポールの横にくるんと丸くなって、彼が眠りにつくまで子守歌を歌ってあげました。これを三晩にわたって繰り返しました。4日目の夜、私は彼のベッドの脇に座って同じ子守歌を歌いました。彼を見つめていたら……ポールは眠ってくれたのです!! 次の日の晩、私はポールをベッドに寝かす前に、いつもの子守歌を歌いました。**するとポールは、ひとりで眠りはじめたのです!**

マーベル 28歳

実は、私は赤ちゃんと一緒にベッドに入り込むことは推奨していません。それはやらないほうがいいと思っています。でもね、**私の「朝までぐっすり睡眠プラン」はルールはゆるめのやさしい方法なんです。**

だから、このマーベルと同じように、ポジティブな創意工夫をしてがんばってみてください。

Chapter 2

ステップ1「絶好のチャンス」を利用する

「朝までぐっすり睡眠プラン」は〝正しい〟ことを〝正しい〟ときにやるということ。

詳しく掘り下げていく前に、この方法の理論について考えてみましょう。

3歳になるとトイレトレーニングが始まります。9ヵ月の赤ちゃんにはできません。これと同じ考え方が睡眠にも当てはまるのです。だれもが、ひとりで寝る方法を赤ちゃんに教えこむことは、赤ちゃんにストレスを与えるのでは、と考えます。

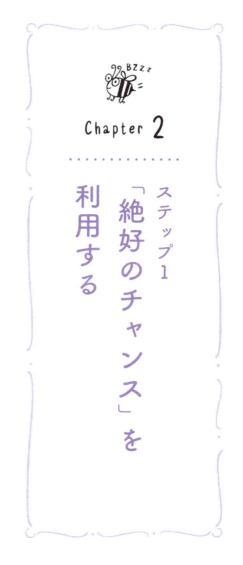

でも、否定的な人たちは間違っています。タイミングさえ正しければ、健康的な睡眠習慣の定着はとても穏やかで、心地よいプロセスなのです。一方、実際に赤ちゃんの悲しみを引き起こすのは、古い手順を壊すことです。睡眠トレーニングは難しいことではありません。悪い習慣を壊すことが難しいのです。

23人の赤ちゃんを同時に寝かしつける看護師

ある日の晩、地域病院の新生児室の近くを歩いていたとき、23人の赤ちゃんが、穏やかに新生児用ベッドに眠るなか、看護師が静かに腰を下ろしてチャートを記入している場面に遭遇しました。「なんて幸運なの！」と私は思ったのです。「赤ちゃん全員が同時に眠っているなんて！」。

次の日の晩は、別の看護師が働いていました。新生児室は赤ちゃんでいっぱい。そして私は大きなショックを受けます。なぜって、**ほとんどの赤ちゃんが、静かに眠っていたからです。**決して偶然ではないとわかり、私は衝撃を受けました。

私は忍び足で新生児室に入っていき、「ねえ、あなたの秘密はなんなの？　どうやったら赤ちゃんを同時に寝かせることができるの？」と、ささやきました。看護師は微笑むと、「**くつろがせてあげるだけですよ**」。彼女が説明しかけたところで、部屋の隅で寝ていた新生児が動き始めました。看護師はその赤ちゃんのところに行って、赤ちゃんをなだめはじめました。

その日から、看護師がその魔法で赤ちゃんたちを寝かしつけるのを見るのが、私の日課になりました。入院中の患者を診察した後に、私は新生児室に立ち寄り、専門家たちが、いままさに新しい世界に生まれきたばかりの赤ちゃんをくるみ、ミルクを与え、落ち着かせる様子を観察しました。もっとも重要なのは、赤ちゃんの面倒をみる人たちの、穏やかで自信に満ちた姿でした。不安や怒り、恐れを目にすることはなかったのです。そこにあったのは、落ち着いた心と、磨かれたスキルでした。

赤ちゃんは〝眠りのボタン〟を持っている

新生児が長時間眠ることはありませんが、どのようにして眠りはじめるのかという様子から学ぶものは多いのです。新生児専門の看護師たちから集めた知恵と、私の医学訓練を

裏打ちしている科学的背景を融合させた結果、私は本当に驚くべきことを発見しました。**赤ちゃんは〝眠りのボタン〟を生まれながらにして持っているのです。**そしてそれをあなたが押してあげることで、赤ちゃんに深いくつろぎを与えることができます。私はこれを「**睡眠反応**」と名づけました。

睡眠のボタンを機能させる方法を理解するために、あなたのボタンが押されたときのことを考えてみるのです。もし、仮に、だれかがあなたの駐車スペースに勝手に車を停めていたら？　あるいは、列に割り込んだとしたら？　身体的変化が起きますよね。あなたの心臓はどきどきと脈を打ちはじめ、顔は赤くなって、声は大きくなり、手のひらに汗をかき、エネルギーが湧きおこってくるのを感じます。ストレスの多いシチュエーションに直面すると、それが本当であれ、想像であれ、あなたの体は、闘争本能からストレスホルモンを放出するのです。覚醒レベル、心拍数、血圧、筋肉の緊張など、すべてが急上昇します。

次に、別のボタンを想像してみましょう。あなたのシステムにまったく逆の影響を及ぼすボタンです。押すと心拍数が低下し、肩がリラックスして、呼吸がゆるやかになります。そして満足感を得られるのです。

リラクゼーション反応は、1976年にハーバード大学のハーバート・ベンソン教授によって説明されています。最初はストレス反応が起き、次にリラクゼーション反応が起きます。脳内の特定のエリアが刺激されると同時にストレス反応が起き、別のエリアを刺激することでそれを減らすのです。

脳内のリラクゼーションを引き起こすエリアを刺激することで、睡眠反応は起きます。それは、**あなたが赤ちゃんの〝眠りのボタン〟を押すときなのです。**

このテクニックは決して新しいものではありません。勉強を重ねた親たち、助産師、そして赤ちゃん専門の看護師が、長い間をかけて実践してきたことなのです。新しいのは、テクニックに使われている補足的な方法です。このテクニックの構成要素自体は、睡眠反応を促進しません。しかし、この方法をまとめて、適切に使うことができれば、相乗効果をあげて、赤ちゃんを朝まで寝かしつけてくれるでしょう。

パスワードを入力するように、この「朝までぐっすり睡眠プラン」の3つのステップは、正しく行われる必要があります。そうすれば最短7日間で成功するでしょう。逆に、そうしなければ、何も起きないこともありますし、赤ちゃんが機嫌を損ねて起きてしまうかもしれません。

正しい方法で行えば、どんな赤ちゃんも朝までぐっすりと眠ってくれるのです。

「朝までぐっすり睡眠プラン」とは

これから、朝までぐっすり睡眠プランについて深く掘り下げていきますが、ここではまず「朝までぐっすり睡眠プラン」に最低限必要なことを説明しましょう。

1. 「絶好のチャンス」を利用する――タイミングが合っていれば、健康的な睡眠習慣を定着させることは、スムーズに進みます。

2. 「気持ちいい」ベッドタイムをつくる――赤ちゃんのベッド周辺をこれまでいた雰囲気に近づけることで、「睡眠反応」を呼び起こします。

3. 眠りに誘う――あなたの声、あなたとのふれ合い、そしてあなたの存在が赤ちゃんの神経システムを落ち着かせ、楽に眠りに入れるようにします。

「朝までぐっすり睡眠プラン」をはじめよう

赤ちゃんが生まれたとき、元気そうに泣いていると、とても安心するものです。でも、そのときにはまだ、あなたが理解できていないことがあります。人間の赤ちゃんがこの世界にやってきたとき、赤ちゃんは未発達だということです。赤ちゃんの神経システムと脳は、まだ発達途中なのです。

生まれるとき、新生児の脳は大人の脳の4分の1の重さしかありません。1000億もの脳細胞が含まれているものの、それが機能するには結合されなくてはなりません。その結合はシナプスと呼ばれています。生後3ヵ月になると、そのシナプスの数は20倍になっており、また、情報を転送する脳細胞のスピードも、発達中の脳がミエリンと呼ばれる脂肪性物質を蓄えることで、同時に速くなっていきます。

一度この脳の変化が起きると、あなたの赤ちゃんは環境や学びからヒントを得て、記憶を蓄えていきます。2ヵ月の赤ちゃんが笑顔を見せるのは、知能が花開き、神経回路が成熟したことをあなたに伝えているのです。そして、赤ちゃんは今、学ぶことができ、記憶することができるのです。**あなたの赤ちゃんが、あなたたち夫婦に積極的にかかわるよう**

になるときに、健康的な睡眠習慣を定着させる「絶好のチャンス」がやってくるのです。

この重要な期間では、特定の経験が大きなインパクトを持ちます。これは卵からかえったヒナが、動くものであれば何であっても追いかけ、急速に〝母親像〟との関係を発展させることに似ています。これは〝刷りこみ〟と呼ばれ、〝生まれてすぐに起きる、急速で取り消しのできない学びのプロセス〟と定義づけされています。それと同じように、新生児がそのまゆから姿を現して、**自分のまわりの世界に〝目覚め〟た後、初めて目の当たりにする睡眠習慣が、定着するのです。**

今あなたの前には「絶好のチャンス」が来ています。健康的な睡眠習慣に向かって、あなたの赤ちゃんをそっと押し出してあげるための、究極のチャンスなのです。

「絶好のチャンス」はいつ？

幼児の発達について基本的なことは理解できていると思います。ハイハイの前に赤ちゃんは座ることができるようになり、それが歩くことにつながっていきます。しかし、よりわずかな実績に目を向ければ、周囲の世界に対する赤ちゃんの認識の発達が確認できますし、赤ちゃんが「絶好のチャンス」にどれだけ近づいているのかを測ることも可能なのです。それがこの時間割です。

0～3週

ゼロから3週　**「絶好のチャンス」は、まだまだ遠い**

新生児。1000億もの脳細胞はまだ結合されておらず、大人の脳の25％の大きさしかない。

この時期の赤ちゃんは

・30センチほどの範囲しか見ることができない。
・動きとコントラストとは判別できるが、それ以外はかすんでいる。
・1ヵ所を見つめ続けることがある。
・機嫌を損ねて泣く（でも、あなたとコミュニケーションをとっているわけではない。ただひとりで文句を言っている状態）。

3～6週

3週から6週　**「絶好のチャンス」まで、あと少し**

この世界に積極的に参加しているわけではないけれど、この時期の赤ちゃんは周囲の環境をより認識し始める。

においをかぐ、音を聞くことについての感覚を発達させている。
・まだ笑わないけれど、アイコンタクト、腕と足をコントロールする、あるいは頭を上げることができる。
・手を握ってグーを作る。数秒間、頭を安定させることができる。
・圧倒されたような気分を遮るために、目を閉じている。
・すぐにびっくりする。
・指を握る。
・ほとんどの時間、ミルクを飲んだり、寝たり、泣いたりして過ごしている。

6週から8週　「絶好のチャンス」がはじまる

脳の、感情を司る部分が急速な成長をはじめる。視界は驚くほど広がり、赤ちゃんは色と詳細を理解し、外の世界に興味を持ちはじめる。

赤ちゃんは

・あなたのことをじっと見て、初めて笑顔を見せる。
・短い時間、頭を持ち上げることができる。
・両親の声に気づき、落ち着く。

8～16週

この時期の

・吸引反射が強くなり、自発的に吸うようになる。
・首の筋肉が強くなる。
・目で物を追うようになる。
・あなたにささやくようになる。

8週から16週

「絶好のチャンス」はもうはじまっている

赤ちゃんの脳の別の部分が違うスピードで発達しはじめます。赤ちゃんは社会性を身につけだし、感情をコントロールできるようになる。

この時期の赤ちゃんは

・おしゃべりをしはじめる。
・顔の動きをマネする。
・顔をくしゃくしゃにしたり、ふくれっつらをしたりといったボディーランゲージを使って、感情を表現する。

・ひとりで10分から15分ほど過ごすことができるようになる。
・寝返りが打てそうな状態になる。

16週から28週　「絶好のチャンス」が終わりはじめる

4ヵ月までに、赤ちゃんは両眼視力を獲得していく（一度に両目で焦点を合わせることができる状態）。それは深い認知力につながる。6ヵ月までには影や陰影、遠近、そして大きさを判別できる。赤ちゃんは新しい習慣を身につける。でも、まずは古い習慣を絶たなくてはいけない。

この時期の赤ちゃんは

・物に手を伸ばす。
・座るけれど、最初にサポートが必要。
・眠りに落ちる習慣を確立し、それを手放しそうにはない。

9ヵ月から、それより上　「絶好のチャンス」が終わった（でもあきらめないで）

赤ちゃんは自分のことを、人となりと見通しを持ったひとりの人間だと認識する。脳の記憶中枢は成熟し、親との結びつきが強くなり、原因とその結果を理解し、ベッドタイムが複雑化する。

・よく調整された状態。
・しゃべりだし、感情を表現するために声のトーンを変える。

この時期の赤ちゃんは

- より独立する。
- 大好きな人が視界から外れると泣く。
- 繰り返しを学習する。
- ママやパパがいなくなる時間だと理解できるから、ベッドに置かれると泣きはじめる。

「睡眠トレーニング」ができないママたちの5つのいいわけ

「絶好のチャンス」のきざしは、とてもはっきりとしています。なぜその利点を使って赤ちゃんにいい睡眠習慣を教えてあげないのでしょうか。理由はいくつかあるようです。

★いいわけ1 だって、疲れていたから

私が聞く理由の多くが、このどうしようもない疲労感です。赤ちゃんが眠りにつくまであやすことより、赤ちゃんに眠ることを教えるほうが、ずっとエネルギーが必要なのです。

★**いいわけ2**

赤ちゃんがご近所さんや、家族を起こしてしまわないか
心配だったから

赤ちゃんを興奮させたままにしておくのは難しいときがありますね。だって他の人の邪魔になってはと心配になりますもの。でも**「朝までぐっすり睡眠プラン」のプロセスは静かなもの**ですよ。

★**いいわけ3**

私の赤ちゃんに本当に効果があるんでしょうか？

他の子よりも手のかかる赤ちゃんはいます。でも、どんな赤ちゃんでも、正しいテクニックを使えば長い時間眠ることができるのです。

★**いいわけ4**

赤ちゃんが泣くのを、私の親が耐えられないと言うの

「朝までぐっすり睡眠プラン」を行うときには、**赤ちゃんが少しぐらいぐずるのはしょうがありません。**でも、泣かせ続ける必要はありませんよ。

★**いいわけ5**

光陰矢のごとし

「赤ちゃんの睡眠習慣をなんとかしようとは思っていました。でもその準備ができたときには、すでに『絶好のチャンス』が終わった後でした」。このケースの場合でも、「朝までぐっすり睡眠プラン」を使うことができるんですよ（チャプター11参照）。

もう少し	いまだ！	遅すぎる
日中あまり眠らず、夜間により長く眠る。	**日中と夜間で混乱しなくなった。**	目を覚ますと、赤ちゃん用の寝床で起き上がり、あなたを呼ぶ。
短時間のアイコンタクトをする。	**遠くから両親に気づく。なだめる声に静かになる。他の人との遊びを楽しむ。表情をマネする。あなたに手を伸ばす。**	特別な人に親愛の情を示す。奇妙な不安感を見せる。知っている人と知らない人の区別がつく。
抱き上げられると落ち着く。ミルクを与えられているとき、あなたの顔に気づいている。高いコントラストとの模様やあなたの顔を見るのを好む。	**顔を覚える。アイコンタクトをする。自分の手を認識する。動く物を追いかける。**	甘えた声を出す。喉をならす。表情が交流しようとしている。熱心に人の表情を見る。あなたの声に笑顔を見せる。音がした方向に顔を向ける。
かかとをマットレスに押しつける。少し動くことができる。うつぶせのときにわずかに頭を上げることができる。	**抱き上げて座らせると首がしっかりとしている。体の中心に頭を持ってくることができる。うつぶせのときに頭を45度の角度に持ち上げることができる。**	がらがらを渡すと握る。手を開く、軽く握る。うつぶせのとき、両手で体を支える。動く物を叩く。オモチャに手を伸ばす。手で遊ぶ。首が据わる。

「絶好のチャンス」のタイミングについて

	早すぎる	近づいている
眠りのスタイル	朝と夜の区別がついていない。24時間中、16時間は寝ている。	朝晩の区別がついておらず、寝たり起きたりを繰り返す。でも、夜間に長い時間眠るようになってきている。
社会的能力	抱きあげるとおとなしくなる。高い声を好む。好まない刺激をシャットアウトする。あなたの顔に焦点を合わせない。	眠っている間に笑う。でも反応するわけではない。日中も夜間も1時間ほどは活発。話しかけられるのを喜ぶ。
感覚能力	物を見ると、吸うのをやめる。20センチから30センチ先の物に焦点を合わせる。光を直接見るのが好き。大きな音に、しかめっ面をする。	表情を見て落ち着く。顔の表情が感情を表しているわけではない。
運動機能	口の中に指を入れ、入れ続けることができない。近くでものを見ると、目が寄ってしまう。首が据わってない。体の動きがコントロールできない。手を握ったままである。	腕を伸ばしたりする。体が以前に比べて、くたっとしていない。

「絶好のチャンス」について、よくある質問

健康的な睡眠習慣を教えてあげるのに、「いまがそのときだ！」と思える、わかりやすいサインはありますか？

目的を持った笑顔と、やさしいささやき声がその合図です。そのとき、絶好のチャンスは訪れています。

早期の睡眠トレーニングは母乳育児の邪魔になりますか？

いいえ、少しも邪魔にはなりません。このメソッドの一番素晴らしいところは、お腹が空いたという理由以外で、赤ちゃんが夜中に目を覚まさなくなるところです。

もし「絶好のチャンス」を逃してしまったら？

心配しなくて大丈夫。絶好のチャンスはまた巡ってきます。時間と創意工夫が必要になるだけです（Chapter 11）。

赤ちゃんを泣かせっぱなしにしなくてはいけませんか？

まさか！　そんなことはありません。生まれたばかりの赤ちゃんは少し機嫌を悪くするでしょう。でも、決して私は、小さなかわいらしい赤ちゃんを泣かせっぱなしにすることを推奨したりはしません。それはフェアじゃないし、必要でもありません！

さあ、私を信じてください！

多くのママやパパたちが「いまは赤ちゃんの睡眠習慣について、何かをする元気がないよ」とあきらめてきました。

こういったママやパパのなかには、大きな問題もなく赤ちゃんの睡眠習慣をいい状態にできる、ラッキーな人もいるでしょう。でも、多くのママやパパが過去を振り返り後悔して、こう考えるのです。

「次は同じ過ちは繰り返さない」と。

Chapter 3

ステップ2
「気持ちいい」ベッドタイムをつくる

さて、「絶好のチャンス」は、ドアを大きく開いて待っています。いまがそのときです。赤ちゃんをぐっすり寝かせてあげましょう。「朝までぐっすり睡眠プラン」を構成するすべての要素は、深いやすらぎの感覚を呼び覚まして、赤ちゃんをリラックスさせ、なにもかも手放して、眠りにつかせてくれます。私はこれを「睡眠反応」と呼んでいます。

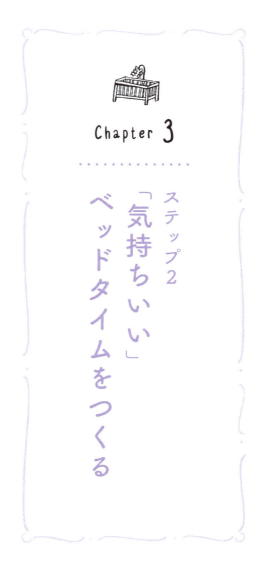

「眠り」を誘う3つの方法

赤ちゃんのベッドまわりを胎児のときに過ごした子宮環境に近づけることで、「睡眠反応」を引き起こします。赤ちゃんのベッドタイムを穏やかにする、もっとも効果の高い技術は、以下の3つです。

①ホワイトノイズ（White noise）
②口を落ち着かせる（Oral ease）
③くるむ（Wrap）

この有名な赤ちゃんの落ちつかせ方は、頭文字をとってWOW!《ワオ!》と呼ばれています。これは、私がおつきあいのあるご家庭にこの方法をお伝えして、そこから得られたフィードバックを元にして作られました。この方法の効果を目の当たりにした人たちは、

「ワオ！　やっと眠ることができる！」

「ワオ！　ベッドタイムがすごく静かだ」

「ワオ！　ジェイクがぐっすり眠ってる」

「ワオ！　信じられないな、シンディーが一晩中眠るだなんて！　まだ10週なのに」

と言ってくれましたよ！

以下に、「ＷＯＷ！」の各要素の詳細な説明を記します。私は、赤ちゃんが新生児のときからこのベッドタイムのプログラムをはじめることをおすすめしています。そうすることで、実際に必要になる前に、各構成要素を、完璧に行うことができるのです。それに、新生児は子宮環境を思い出すような刺激がとても好きです。

①ホワイトノイズ（ＷＯＷ！のＷ）

妊娠中の女性の子宮に、水中聴音機を入れた研究者は耳障りな音を聞いたのです。血液が流れる音、胃がぐるぐる鳴る音、そしてママの話す声。ということは、胎児は９ヵ月もの間、そのような音を聞いているということになります。それはまるで、裏庭に海がある環境で暮らしているようなものです。波の音が朝晩聞こえてきます。水の音に慣らされていたのに、突然、静寂が訪れます。集中して眠ることが難しいと感じるようになります。

波の音がしないと、まるで道に迷ったような気分になるのです。

止まない音にさらされて眠る人は、静寂によって目覚める。

ウィリアム・ディーン・ハウエルズ

9ヵ月間、音に囲まれて眠った後に新生児は、静寂のショックに悩まされるようになります。特にベッドタイムは、赤ちゃんのためにと家中が静かになるのです。赤ちゃんが眠ることができるようにと家中を静かにしようと必死に努力をするよりは、赤ちゃんに健康的な量のノイズを与えてあげましょう。

赤ちゃんは3ヵ月から4ヵ月になるまでノイズを切望します。そんなときは、ホワイトノイズがぴったりです。なぜなら、それは赤ちゃんを興奮させるのではなく落ち着かせ、敏感になった神経を鎮めるからです。ホワイトノイズは多彩なトーンで耳を溢れさせます。多くの音に脳が判別するのをあきらめるまで、赤ちゃんをリラックスさせるのです。

ホワイトノイズ、よくある7つの質問

1．いつホワイトノイズをはじめればいいですか？

新生児は、ホワイトノイズがあったほうがよく眠りますから、生まれてすぐに始めるのがいいでしょう。

2．ホワイトノイズの音の大きさはどれぐらいがいいですか？

赤ちゃんはそれぞれ違います。大きな音が好きな子もいれば、ソフトな音が好きな子もいます。小さいホワイトノイズではじめてみて、赤ちゃんがおとなしくなるまで徐々にボリュームを上げてみましょう。ロックコンサートのように大音量にして赤ちゃんを驚かせないでくださいね。また、ホワイトノイズの音源は赤ちゃんに近い場所において、赤ちゃんがその振動を感じられるようにしましょう（ただし、手の届くところまで近づけないこと）。

3．夜中もホワイトノイズを流すべきでしょうか？

はじめは夜通しホワイトノイズを使うのがいいでしょう。赤ちゃんが眠りに

つく技術を身につけ、ずっと眠るようになったらやめていいでしょう。

4. 赤ちゃんはホワイトノイズ中毒になりませんか？

なりません。あなたの赤ちゃんは、成長した赤ちゃんとは違います。新生児は、ホワイトノイズでリラックスしますが、成長した赤ちゃんは無関心です。

5. ホワイトノイズは私の赤ちゃんの睡眠問題を解決してくれますか？

いいえ。ホワイトノイズには赤ちゃんに自分の知力をまとめさせる効果があります。一度自分で落ち着くことができると、もぞもぞと動いて、自分を落ち着かせてくれる別の方法を探しはじめるのです。

6. ホワイトノイズに効果がなかったら？

新生児がホワイトノイズに無関心で、それを聞いていらつく場合もあります。そうなってしまったら、やめればいいでしょう。

7. 副作用はありますか？

まったくありませんよ。

高価なホワイトノイズを出す機械を購入する必要はありません。ここに紹介する6つのアイテムは、きっとあなたの家にもあるでしょう。

1. ラジオ（放送局にチューニングしていない状態）
2. 信号がスクランブルされているケーブルテレビ局のチャンネル
3. 扇風機
4. 掃除機
5. トレッドミル（ランニングマシンの振動音）
6. 加湿器

②口を落ち着かせる（WOW!の○）

私は「朝までぐっすり睡眠プラン」を実行しましたが、ひとつだけやらなかったことがあります。ローラがウトウトしはじめたときに、彼女の口からおしゃぶりを外さなかったのです。おしゃぶりをなくすたびに泣いて起きるローラを見て、口から外しておけばよかったと何度も後悔しました。

ケリー　36歳　2人の子どもの母

胎児は妊娠5ヵ月までに、ママのお腹の中で自分の親指やへその緒を口に入れるようになり、子宮の壁をなめることもあると研究によってわかりました。吸い続けることで指や親指にたこを作って生まれてくる赤ちゃんも多いそうです。しかし、生まれた後は親指や他の指、足の指を口に入れることができません。なぜなら、手足が思いのままに動かないからです。赤ちゃんは体をねじり、ひっくり返り、足をけって口に入れるものを探すかもしれません。親はそれを見てお腹が空いたのではと解釈しますが、多くの場合、赤ちゃんはただ口の中に入れるものを探しているだけなのです。「とにかく、なんでもいいからちょうだい！」ってね。そのときに、おしゃぶりが登場する、というわけです。

何かを口で吸う行為は、脳内のストレスを減少させる化学物質の放出を促し、血圧を下げ、痛みを減らすことが研究で明らかになっています。

それにもかかわらず、私は、おしゃぶりは良し悪しだと思っています。

だって、いくらおしゃぶりが落ち着かせるために最高のツールだとしても、赤ちゃんが口から外してしまうたびに夜中に起きてそれを口に戻さなければいけないなんて、少し不便だと思うのです。

しかし不便とはいえ、安全面を最優先させなければなりません。

ある報告によると、おしゃぶりがＳＩＤＳ（乳幼児突然死症候群）を予防するかもしれないそうです。赤ちゃんが生まれてすぐの間は、昼寝のときも、ベッドタイムもおしゃぶりは使うべきです。ただし、赤ちゃんが３ヵ月になったら、夜半過ぎにおしゃぶりを口の中に戻すかわりに、親指を口に入れてあげましょう。赤ちゃんはぐっすり眠るでしょうし、あなたもぐっすり眠ることができます。もし赤ちゃんがおしゃぶりを欲しがらないならば、無理に与えなくてもいいでしょう。

赤ちゃんの心を変えるトリックがあります。次に、赤ちゃんの機嫌が悪くなったら、手を洗ってあなたの小指を口の中に入れてみてください。口の中に入れたら手のひらを上に向けて、上あごを指の腹でくすぐってあげてください。ほとんどの赤ちゃんがおしゃぶりと同じぐらい、指が好きですし、喜んで吸います。赤ちゃんがあなたの指を好きなだけ吸ったら、指を外して、おしゃぶりを口の中に入れます。

★赤ちゃんにとって「正しいおしゃぶり」を選ぶ

どのおしゃぶりがいいですかとよく質問されます。理想のおしゃぶりは存在しません。短いタイプのものを好む赤ちゃんもいますし、丸いものを好む子もいます。一番いいおしゃぶりは、あなたの赤ちゃんが選ぶおしゃぶりです。

★赤ちゃんがいやがるなら

おしゃぶりは赤ちゃんをなだめますが、赤ちゃんを黙らせるものではありません。もし吐き出すようなら、求めていないということ。何度も口に戻すのは、やめてあげましょう。これは私からのおねがいです。

★歯に関する問題の発生を覚悟する

長時間、あるいは極端なおしゃぶりの使用は、歯、歯ぐき、その他、赤ちゃんの口の中に悪い影響をもたらす可能性があります。かみ合わせの悪さは、歯の並びが適切でないことから起きます。これはおしゃぶりを使用している赤ちゃんにしばしば起きる問題です。

★自分の口に入れることでおしゃぶりをきれいにしない

唾液は細菌を広めます。もしおしゃぶりが落ちたら、水で洗ってください。

★赤ちゃんの着ている服におしゃぶりを結ばない、クリップで留めない

赤ちゃんの首に巻きついてしまうことがあり、危険です。結んだリボンが指に絡まって血流を止めることとも。

★おしゃぶりを甘くしたりして、赤ちゃんが口に入れたがるように誘導しない

ハチミツは赤ちゃんへのリスクが高いです。なぜなら、ボツリヌス菌の胞子が含まれているかもしれないからです。12ヵ月未満の赤ちゃんは、胞子がボツリヌス中毒を引き起こすことがあり、それは命を脅かす病気。甘味料は発達中の歯に虫歯をもたらす原因にも。

★中耳炎のことは気にしない

おしゃぶりが中耳炎のリスクを高める（これは月齢の進んだ赤ちゃんが激しく吸うことで、中耳の圧力に影響を及ぼすという見解）というエビデンスはありますが、まだはっき

りとしたことはわかっていません。生まれたばかりの赤ちゃんでおしゃぶりをベッドタイムに使っている子は、月齢が進むと眠るためにおしゃぶりに依存する赤ちゃんへと育ちます。この研究が月齢の進んだ子について言及しているとしても、頭の中には入れておくべきでしょう。

③くるむ（WOW！のW）

新生児を布でくるむことは何世紀にもわたって行われています。１７００年代、赤ちゃんたちは布で巻かれていました。なぜなら、そうすることで四肢がまっすぐに伸びると考えられていたからです。今日では、赤ちゃんをくるむことには、別の、もっと理にかなった理由があります。それは、赤ちゃんを落ち着かせることができ、睡眠反応を引き起こすからです。

私の言葉には根拠があります。**赤ちゃんを布でくるむことは睡眠効果を高めて、ノンレム睡眠を促進させるという研究結果があるのです。**言い換えれば、くるまれた赤ちゃんはより長い時間眠るということなのです。

新生児が眠りにつくことに問題を抱えているのは容易に想像できます。子宮の中に気持ちよく身を埋めて9ヵ月も寝ていた後で、突然、赤ちゃんの世界は爆発的に広がります。心地よい子宮がなくなって、赤ちゃんがジタバタしたとしてもしょうがないことでしょう。いいニュースがあります。赤ちゃんが安全に新しい居場所を楽しむことができる、簡単でシンプルな方法があるのです。薄手の毛布で赤ちゃんをくるんであげましょう。手足がぴったりと合わさって、落ち着くことができ、赤ちゃんは安心します。その「赤ちゃんのブリトー」のやり方をいまから示します。

赤ちゃんのブリトー（トルティーヤに具を乗せてくるくると巻いたメキシコ料理）

伸び縮みする素材で、薄手の、軽い毛布を選びましょう。触り心地のいい布であれば、どんなものでもいいでしょう。私は伸び縮みして、ぴったりとくるむことができる、ワッフル素材のものが気に入っています。手順は「SWADDLE（＝赤ちゃんをくるむ）」です。

★S：形作る（シェイプ）Shape

布をひし形になるように置いて、上の角を少しだけ折ります。

★W：迎え入れる（ウェルカム）Welcome

赤ちゃんの両肩を、折った毛布のラインに合わせて寝かせます。赤ちゃんに何かささやいて、励ましてあげれば赤ちゃんはリラックスしてこの過程を楽しむことができます。

★A：調整する（アジャスト）Adjust

両手のひじのところで赤ちゃんの腕を曲げて、胸に置く。赤ちゃんにとっては両腕を体の脇で伸ばしたまままくるまれるよりも、このほうが自然。

★D：覆う（ドレープ）Drape

毛布の左側で赤ちゃんをやさしく包んで、体の右側から、体の後ろとお尻の下に毛布をはさみ込む。

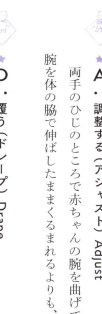

★**D：覆う（ドレープ）Drape**

毛布の下の角をまっすぐ上に折りたたみ、赤ちゃんの体を包む。はしを体の下に挟み込む。

★**L：下（ローワー）Lower**

赤ちゃんの右肩からちょうど自分の手の大きさほどの幅の布を折りたたみ、赤ちゃんの右肩を覆う。

★**E：包み込む（エンクローズ）Enclase**

今ちょうど折りたたんだ布の右端を、左側に折っていき、やさしく赤ちゃんの体にベルトのように

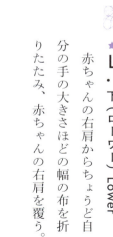

巻きつける。端を巻かれた布の中にしまい込む。きっちりとしまい込むことで外れないようにする。

★**ドクター・キャサリンのヒント：**
妊娠中にこの本を読んでいるママは、入院している間に赤ちゃんを包む方法を教えてもらってください。看護師は赤ちゃんをくるむことにかけてはプロ中のプロ。世界一です！

おくるみのなぞ

「絶好のチャンス」が訪れる前に赤ちゃんをくるむべきですか？

世界中の看護師たちが生まれたばかりの新生児をくるみます。新生児はそれによって、暖かく快適で安全な環境を与えられるのです。あなたも同じようにしてあげましょう。

なぜ体の横に腕をそろえて赤ちゃんをくるむことが推奨されているのですか？

赤ちゃんにとっては、胸の前で腕を組まれている方が毛布の外に伸ばしやすいということとを考えてのことでしょうが、私の方法をやってみて、赤ちゃんが腕を出せるかどうか確認してみてください。あなたの赤ちゃんが本物の脱出のプロだったら、体を毛布でくるまれていても脱出できるかもしれません。もしそのようであれば、腕を体の横につけた状態でくるんであげましょう。

赤ちゃんをくるむのをやめるのは、いつがいいでしょう？

赤ちゃんが２ヵ月になる頃にはおくるみをやめるのが一般的ですが、これと同じ時期にＳＩＤＳの危険性が高まってきます（２ヵ月から４ヵ月）。くるまれた赤ちゃんは、ＳＩＤＳを予防する仰向け寝を嫌がらないことは研究から明らかになっています。赤ちゃんが抵抗しなければ、私は３ヵ月から４ヵ月までは赤ちゃんをくるむことをおすすめします。

赤ちゃんだったら、だれでもくるまなければならないのでしょうか？

あなたの赤ちゃんがよく眠る子で、ひとりでウトウトと眠りにつくことができ、くるまれることが好きではないのなら、その必要はありません。

くるまれた赤ちゃんがベッドに寝るときは、他に何か必要でしょうか？

軽い毛布をおすすめします。室温に合わせた適切なパジャマを選びましょう。薄い毛布を使うのなら、パジャマは薄いものが最適です。もし厚めの毛布を使うのであれば、薄いコットンのパジャマか、おむつだけがいいでしょう。赤ちゃんの体温が上がりすぎていないかを確かめるには、手を布の中に滑り込ませてお腹を触ってみます。汗をかいていたら体温が上がりすぎています。もし髪の毛がべたついていたり、頬が赤い、あるいはあせもができている場合は、暑すぎる状態です。

部屋の温度はどれぐらいがいいでしょうか？

赤ちゃんの体温が上がりすぎるのを避けるためにも、部屋の温度は快適に保ちましょう。19度から22度ぐらいがいいでしょう。

おくるみがほどけてしまったら？

ベッドの上の毛布は危険要因になり得ます。毛布がきちっと留まっているように、おくるみ専用の伸び縮みする毛布（あるいは同じようなサイズのもの）を選び、心地よくきちんと包みましょう。手を毛布と赤ちゃんの胸の間に入れたときに、着心地のいいジーンズのポケットに手を入れたようなフィット感で赤ちゃんをくるみます。お昼寝の時間に赤ちゃんをくるんで、しばらく観察してみましょう。

赤ちゃんをくるむことの好ましくない点は？

わずかですが、くるまれることを嫌う赤ちゃんもいます。適切にくるんであげないと、毛布が外れて、外れた毛布は窒息のリスクを上げます。

赤ちゃんの〝睡眠ボタン〟を押す、その他の方法

「ＷＯＷ！」アプローチの他にも、赤ちゃんが自分ひとりで眠りにつく準備を整えるためのステップがあります。

★時間通りに

赤ちゃんが疲れたときにベッドに寝かせましょう、と言っても、**すべての赤ちゃんが眠**

くなると目をこすったり、あくびをしたり、眠いというサインを出すわけではありません。

赤ちゃんによっては、より些細な手がかりを探す必要があるかもしれません。ここに赤ちゃんの行動を読み、眠る準備ができているかどうかを知る方法を書きます。

十分な休息が取れている

・ハッピーですぐに笑顔を見せる。
・落ち着いてミルクを飲んでいる。
・調整が取れていて、自分自身をしっかりと管理できている。
・気分が安定している。
・手がかかる。
・明るく遊び、何が起きているかに興味を持ち、集中できる。

疲れている

・気分屋で喜ばせるのが難しい。
・ミルクを飲んでいるときに機嫌が悪い。
・不機嫌で不安定。普段より頭をフラフラと動かしている。
・気まぐれ、むっつり、すぐに飽きる。
・耳をいじる、目をこする、髪の毛を引っ張る、背を反らせる、指をしきりに吸う。

まず、適切な寝場所を確保しましょう。部屋ももちろんそうですが、赤ちゃんがどう眠ってくれるかに深くかかわってくるため、場所自体がとても重要です。多くの親が新生児を自分たちのベッドの横のゆりかごに寝かせます。最初はこれが問題になることはありません。なぜなら、私たちはもう理解していることですが、新生児は必死に外の世界をブロックしているから、よく眠るのです。しかし赤ちゃんが「絶好のチャンス」に到達したら、眠る場所はより重要な意味を持ってくるのです。

私は赤ちゃんの部屋に折りたたみのベッドを持ち込むことにしました。夫の調子が悪いので、フレディがパパを起こしてしまわないようにと思ったのです。これは私の想像以上の効果を上げました。フレディがもぞもぞと動き出すと、私がさっと静かにさせることができました。するとフレディは、すぐに寝てくれたのです。

ロリ 38歳

フレディ 4カ月

★同じ場所にいる

アメリカ・メイン州のメイン大学の研究者は赤ちゃんの寝場所を変更しないことは、その寝場所自体よりも重要なことだと発見しました。**赤ちゃんが眠ってから移動させることで、赤ちゃんの睡眠にまつわる問題に著しい影響を与えてしまうのです。**もちろん、あなたと赤ちゃんの眠りに関する選択肢はたくさんあるので安心してください。

★赤ちゃんの部屋で寝る

この選択のいいところは、ベビーベッドで赤ちゃんを寝かせたいと思ったときに、赤ちゃんを再教育しなくていいということです。それに、赤ちゃんが自分の部屋とベッドタイムを結びつけて考えるようになり、ベビーベッドから普通のベッドに変更するときの助けになります。これで他の睡眠の問題を回避することができるというわけです。マイナス点は、赤ちゃんがあなたのすぐ隣に寝ていないというところです。

★サイドベッドを利用する

手の届く範囲で赤ちゃんを寝かせたいけれど、一緒のベッドには寝たくないというときは、このベビーベッドに似たサイドベッドはとても便利でしょう。米国小児科学会の新しい見解によると、ベッドを別にしつつ、親と赤ちゃんが近い場所で寝る環境が推奨されています。サイドベッドは安全面で利点があるというだけでなく、「朝までぐっすり睡眠プラン」を完璧に補ってくれるのです。マイナス点（いい点に比べればわずかなことですが）は、場所をとる赤ちゃんの家具が増えるということ、安くはないということ、赤ちゃん用ベッドには改造できないこと、いずれ赤ちゃんを赤ちゃんの部屋に移動させなければならないということです。そして、このようなサイドベッドは米国消費者製品安全委員会のテストを受けていません。

新生児のタイソンを赤ちゃん部屋に寝かせることは心配でした。そして同じぐらい、私は自分のベッドで彼と寝ることについても心配していました。サイドベッドは私を安心させてくれたのです。

ポーラ 25歳  タイソン 3歳

★〝新しい〟サイドベッド

私はこの新しいサイドベッドのアイデアが大好きです。あなたの部屋で赤ちゃんの隣に寝るのではなく、あなたが赤ちゃんの部屋で寝るのです。折りたたみ式ベッドか小さな

ベッドをベビーベッドの横に置き、赤ちゃんの横でぐっすりと快適な眠りを楽しんでください。赤ちゃんは、ママがすぐ横にいるという世界、そして自分のベッドで眠ることが快適と感じる、2つの世界を堪能することができますよ。あなたが赤ちゃんの部屋から移動するほうが、赤ちゃんをあなたの部屋から移動させるよりも楽なのです。

シルヴィアは私たちの部屋で赤ちゃん用ベッドに寝て6ヵ月過ごしていました。だって家が狭くて選択肢がなかったんだもの。シルヴィアが泣き出すと、私が抱き上げてミルクをあげていました。今、シルヴィアは自分の部屋で寝ています。彼女が泣いている声は聞こえませんし、長い時間眠ることができているようです。

ドロシー 39歳　シルヴィア 11ヵ月

メラディスが2ヵ月になったときに、彼女の部屋に寝かせることにしました。今は5歳の双子の兄も、その月齢で自分たちの部屋に寝ていました。双子の兄のときは問題はなかったですし、メラディスのときも問題を抱えたくはありませんでした。

シボーン 30歳　メラディス 4ヵ月

★部屋をシェアする

最近の研究では、赤ちゃんが6ヵ月になるまで一緒の部屋で眠ることで、SIDSの発生リスクを下げることがわかりました。これはベッドをシェアすることとは違います。

あなたの赤ちゃんは別のベッドで眠るのです。ベッドをシェアすることのリスクに赤ちゃんを直面させずに、赤ちゃんの近くにいることができます。偶発的な窒息や原因不明な死に関するいくつかのケーススタディが、ベッドをシェアすることの懸念を引き起こしています。ひとつだけ注意することがあります。一般的にあなたとあなたの赤ちゃんの結びつきはとても強いもの。だから、寝ている間でもお互いの動きについては気づいてしまいます。でも大丈夫。バックグラウンドノイズを使って消すことができます。

★あなたのベッドで寝るのなら……

一緒のベッドに寝ることのメリットについては、ここで議論はしません。安全面について懸念している親の多くが、楽であること、快適であることの選択にあらがえないでいることを知っていますから。そして、この選択を哲学的な理由から選択する親もいます。あなたが何を信じていようと、あなたが赤ちゃんと一緒に眠ることを選択したのだとしたら、どうかどうか、以下の安全面での注意を一読し、心に留めてください。

・添い寝をしている場合でも、新生児は必ず仰向けに寝かせてください。
・眠くなる薬を飲んでいる場合、酔っている場合は赤ちゃんと一緒に寝ないこと。あなたの意識レベルが下がれば、意図せず赤ちゃんの上に乗ってしまうリスクが上がります。赤ちゃんはベビーベッドに寝かせましょう。

ダニーは5番目の子どもで、他の私の子どもたちと同じように、私のベッドで、私の隣に寝ています。私はこの添い寝の熱狂的信者ではありません。必要なだけ眠らなければいけないので、子どもと一緒に寝るということは現実的な選択なのです。

マグダレン 40歳  **ダニー 4週間**

・赤ちゃんをヒモのついているカーテンやブラインドの近くに寝かさないでください。
・ビーンバッグチェアやウォーターベッドには、絶対に赤ちゃんを寝かさないでください。表面が柔らかいものに寝かせることで、窒息のリスクが上がります。
・必要のないベッドグッズやまくらは使わないでください。窒息の原因となります。
・壁やヘッドボードと、マットレスの間の隙間をなくしてください。赤ちゃんがその隙間に挟まって窒息してしまいます。赤ちゃんは、他の子ども、家族、ペットとは一緒に寝かせないでください。

★車のシート、ストローラー

3ヵ月の息子、ディランは、夜はベビーベッドでよく眠るのだけれど、お昼寝は車のカーシートをキッチンに持ち込まない限りは絶対に寝ないというママの話を聞いたことがあります。ディランはそこで何時間も眠るそうです。ベビーベッドでは仮眠を取っているだけなのです。私はカーシートの何が好きなのか、ママに分析するように頼みました。ディランがカーシートでぐっすり眠るのは、それがとても快適で、騒がしいからなのではないかと私は考えました。音楽はかかっているし、双子の兄弟がケンカをしたりするからです。その条件をベッドルームで再現するため、私はママにディランを布でくるんでベッドに横たえ、明るい部屋に大きめのホワイトノイズを流して、寝かせることを提案してみました。双子の兄弟は、静かにしなくてもよくなりました。すぐに、ディランはベッドで1～2時間の昼寝を楽しむようになりました。

もっと気持ちがよくなるヒント

赤ちゃんはリラックスすればするほど、早く眠りに落ちるのです。赤ちゃんの快適レベルをアップできるヒントを少しだけ紹介します。

★赤ちゃんをマッサージしてあげる

モントリオールで行われた最近の研究で、ママにタッチされればされるほど、赤ちゃんは泣かなくなるということがわかりました。赤ちゃんをリラックスした気分にしてあげられるように、ベッドタイム前に軽いマッサージをしてみてください（197ページ参照）。

★赤ちゃんにお気に入りを与えてあげる

『ピーナッツ』のライナスが毛布と親指がどれだけ好きだったか覚えていますか？ 60％以上の子どもが1歳までに、お気に入りのグッズに対して同じような気持ちを抱くのです。一般に信じられているのとは逆で、毛布に愛着を示すことが自信のなさを表すものではありません。それよりは、毛布というステキな友達が、自主性を促し、ベッドタイムに親から離れるストレスを和らげると言われているのです。このような愛着は6ヶ月頃（あるいはもっと早い時期）からはじまり、時間が経過するに伴って強くなっていきます。

過去においては、こういった愛着に対応するため、小さな毛布やぬいぐるみをベビーベッドに入れておくことが推奨されていました。しかし、ベビーベッドの中の安全性を考慮すれば、赤ちゃんがすんなりと寝返りを打てるようになるまで、こういったものを置かないほうがいいでしょう。赤ちゃんが寝返りを打てるようになったら（通常は7ヵ月ぐらいから）、毛布を使ってもかまいません。

★赤ちゃんにしっかりとミルクを与えておく

お腹がいっぱいの赤ちゃんはぐっすり眠ります。日中に、リラックスした、十分なミルクの時間を持つことで、赤ちゃんは夜によく眠るようになります。

11ヵ月のペギーは、夜に13時間も寝て、昼寝は毎日3時間です。日中にたくさん食べることが、夜中の授乳なしで一晩もつ理由なのではと考えています。

イリーナ 31歳　ペギー 11ヵ月

★ベッドタイムのしきたり

毎晩同じことを繰り返しましょう。気持ちのよいお風呂、やさしいマッサージ、そして、リラックスした状態での授乳です。赤ちゃんをくるんで、おしゃぶりを与えて、ホワイトノイズを流して、おやすみなさいと語りかけ、赤ちゃんをベッドに寝かせるのです。

赤ちゃんを頭から置かないで！

赤ちゃんを寝かせるときに、赤ちゃんのポジションセンサーを刺激しないことです。赤ちゃんには生まれたときから「驚愕反射」が備わっています。これはモロー反射としても知られていますね。ベビーベッドに寝かせるときに、赤ちゃんの頭を後ろ向きに下げて、後頭部を最初にマットレスにつけてしまうと、驚愕反射を引き起こすかもしれません。赤ちゃんは恐怖を感じて、腕をぴんと伸ばします。ご想像どおり、これは眠るためにはあまりいいことではありません。頭から先に寝かせないように、注意深く赤ちゃんをベッドに置きましょう。頭と足をまっすぐ平行にして、ゆっくり寝かせます。３ヵ月か４ヵ月でモロー反射は消えますが、頭から先に赤ちゃんをベッドに寝かせることは、月齢に関係なく動揺させることだと思います。

★赤ちゃんが自分を落ち着かせるツールを日中に準備する

日中、赤ちゃんが自分を落ち着かせることができるように応援しましょう。新しいスキルを学ぶのは、赤ちゃんが元気なときのほうがいいでしょう。

インディアは、ベビーベッドに寝かせると、あっという間に自分のお気に入りを手にとって、頬にすりつけて、10時間寝続けます。私は私の赤ちゃんをとても誇りに思っています！

ナンシー 25歳  インディア 6ヵ月

Chapter 4

ステップ3 眠りに誘う

ママの声で赤ちゃんはうっとりする

このステップでは、赤ちゃんを眠りに誘う方法を学んでいただきます。「絶好のチャンス」を上手に利用すれば、簡単です。

ママの子守歌と、声にあるパワー

私が助産婦としてトレーニングを積んでいた時代、出産中の母親に投与できる薬はありませんでした。子宮収縮の強さが我慢しきれなくなると、私たちは痛みを感じている母親に声をかけたものでした。

トレーニング中のある時期、私はメキシコとの国境にほど近い、テキサス州エルパソで働いていました。ある日のこと、助産院にスペイン語しか話すことができない妊婦がやって来たのです。私は心配になりました。

「同じ言語を話さない出産中のお母さんと、どうやって話をしたらいいのかしら？」

でも、このとき私は気づいたのです。私が発する言葉が出産中のお母さんを慰めているのではなく、私の声のかけ方に意味があったのです。ディスクジョッキーのように、私は自分の声を使って、聴衆の注意を引く術を学んだのです。

あなただって、あなたの声を使って、同じことを赤ちゃんにしてあげることができるのですよ。生まれる前の赤ちゃんにだって可能です。実際、**妊娠後期には胎児の心拍数は、ママの語りかけがはじまるとゆっくりになります。ママの声が赤ちゃんを落ち着かせているとの研究結果があります。**

生まれた直後には、まるで「ママ、本当にママなの？」と言っているかのように、赤ちゃんはママのほうに顔を向けるのです。

あなたの声は、ものすごいパワーがある落ち着かせツールなのです。

赤ちゃんはあなたの声で、体の中も外も快適になり、あなたの声は確実に睡眠反応を引き起こします。ママの声だけで赤ちゃんをなだめることができる理由は、私たちの遺伝記憶に植えつけられているからなのかもしれません。

『サイエンティフィック・アメリカン』という科学雑誌は、石器時代の母親たちは、食べ物を探す間、子どもを自分の横の地面に寝かせていたと示唆しています。そして母親たちは、赤ちゃんを静かにさせるために、ひっきりなしに話しかけていたらしいのです。

赤ちゃんの泣き声やささやきは、敵に自分の居場所を知られるリスクを高め、命の危険にさらされるからです。現代の親は野生の猪について心配することはありませんが、落ち着いた世界に赤ちゃんを誘い込む利点は、同じくとても価値のあるものなのです。

子守歌をやさしく歌うことも試してみてください。子守歌（Lullaby《ララバイ》）という言葉は、〝あやす〟という意味の〝Lulu〟に、〝さようなら〟という意味の〝bye〟が合わさったもの。昔から、子守歌とは赤ちゃんをなだめて寝かしつける歌のことを指します。子守歌は

とてもリラックスできるものですが、赤ちゃんが半分寝たような状態でなければ効果を発揮しません。

どのように言葉をかければ、赤ちゃんが安全で穏やかな気持ちになり、眠気に身を委ねるのか、その方法を紹介します。

★赤ちゃんの注意を引きたいとき

赤ちゃんがぐずっているのであれば、耳元でやさしくささやきましょう。あなたの声を聞こうと、赤ちゃんは静かになります。もし赤ちゃんが泣き叫んでいるのなら、高い、明るい声を出して早口で話しかけましょう。赤ちゃんが一旦落着きを取り戻したら、あなたの声も落ち着かせます。

赤ちゃんがあなたに注目するようになったら、ベビーベッドの近くに座り、赤ちゃんの耳元にささやきかけます。「さあ、大丈夫よ。ねんねの時間よ。ママはあなたが眠るまでここにいますからね」。赤ちゃんがぐずっていたら、そのまま続けて話しかけましょう。ずっと、ずっと、そのままで。

★好みのテンポで話しかけてみよう

ゆっくりと語りかけられるのが好きな赤ちゃんもいれば、アップテンポが好きな赤ちゃんもいます。

★若い女の子たちのようにリズミカルに

「もう、すごく遅いわよ、とても遅い時間よ。ちょっと疲れちゃってない？　もう寝ちゃおっか？」

★言葉の繰り返しを使おう

「ママはあなたが大好きよ。パパはあなたが大好きよ。じいじもあなたが大好きよ。ばあばもあなたが大好きよ。マックスはあなたが大好きよ。犬のコーリーもあなたが大好きよ。バビーもあなたが大好きよ。ザイーダもあなたが大好きよ……」

赤ちゃんのまぶたが重くなってきたら、心が安らぐような音を使いましょう。「シー、シー、シー……」。

あなた自身の声を録音して、休みが必要なときはその録音を聞かせてもいいでしょう。あなたが普段話す声よりも大きめに再生して、ベビーベッドの近くに置いてあげましょう。

赤ちゃんが泣き出したら「止まる、見る、聞く」

眠る練習をさせているときに、赤ちゃんが泣かないとはお約束できません。

でも、泣かれてからパニックになる前に、赤ちゃんが泣くことの意味を知っておく必要があります。生まれたばかりの赤ちゃんが泣くと、親はまずはあわててしまい、考えるのは二の次になります。

ベビーベッドから赤ちゃんを抱き上げて、問題リストを開いてこう考えるのです。「この子、お腹が空いているのかな？　疲れているのかな？　退屈なの？　おむつ濡れた？」と。何をやっても泣きやんでくれないとき、赤ちゃんは混乱して、ストレスを感じているのです。

3ヵ月の双子の息子たちを泣かせっぱなしにはしないと固く誓っていましたけれど、いろいろな人にそれ以外の選択肢はないと言われました。医師からは子守歌で赤ちゃんを寝かしつける方法を聞いていました。最初、このテクニックを使うことに気のりしませんでした。私の歌う声が、最初にウトウトし始める、もう一方の男の子の眠りを邪魔するんじゃないかと心配したからです。

でも、子守歌のテクニックを使いはじめてすぐに、私が想像しているよりも早く、効果が出たのです。

まず息子たちを、同じ部屋に置いた別々のベビーベッドに寝かしつけました。そして2台の間に私が座って、小説を大きな声で読み上げました（私、読書が好きなんです。今までずっと、本が読みたくて仕方がなかったんです！）。もしひとりが眠りについたら、起きている子の近くにイスを引き寄せて優しく耳にささやきました。6回のうち5回は、ふたりとも数分で眠りに落ちました。泣かせることなく息子たちを寝かすことができたばかりか、私は読書まで楽しむことができています。マルチタスクってこういうことかな!

ロビン29歳 ピーターと、ジョンとデイヴィッド3ヵ月

子どもの頃のことを思い出してください。道路を渡る前に「止まる、見る、聞く」を学びましたよね。この、考えて行動するという戦略は、一歩踏み出す前の衝動的な行動を減らし、より用心深く、状況を評価する方法を子どもに教えます。赤ちゃんを泣かしてしまう前に、この戦略を採用すると同じようにメリットがあるのです。

もしあなたが、赤ちゃんが泣くという行為に反応するのではなく、それに答える方法を学ぶことができたら、赤ちゃんに必要なものを用意してあげられるでしょう。「止まる、見る、聞く」プロセスはほんの数秒でできることです。

あなたがすぐに赤ちゃんのところに駆けつければ、赤ちゃんは静かになるかもしれませんが、赤ちゃんをなだめることだけがあなたの目標ではありません。

あなたの一番大きな**ゴールは、あなたの赤ちゃんが自分自身で落ち着く術を学べるように応援すること**なのです。

★止まる

一歩引いて、あなたの赤ちゃんの心を読む時間を設ける。

★見る

赤ちゃんのボディーランゲージと表情を理解することで観察スキルを磨き上げます。

赤ちゃんの手は握られている？　それとも開いてる？　赤ちゃんの足はリラックスしている？　それともキックしている？　膝を曲げた状態ですか？　背中は反っていますか、まっすぐですか？　赤ちゃんの顔をよく見てください。ほっぺは何色ですか？　赤ちゃんを見たときの、全体的な印象はどうですか？　赤ちゃんはまわりを見渡していますか、目を閉じていますか？　アイコンタクトを拒否していますか？　赤ちゃんは声を出していますか？　手を握りしめて、赤い顔で、背中を反らせて、足をキックしているのは、赤ちゃんが「こっちに来てよ！」と要求しているということなのです。

ただし、足の指を吸って文句を言っている赤ちゃんは、自分で落ち着く機会を与えられるべきですね。

★聞く

「絶好のチャンス」が初めて訪れたとき、赤ちゃんのボキャブラリーは3つに限られています。

「ワー」、「ワアアア―――」、それから「ワアアアアアアアアア―――」です。

赤ちゃんは少し悲しいとすすり泣き、鼻を鳴らして怒りを表し、そしてコントロールを失います。

泣きわめきはじめるのは感情の温度が急上昇していることを示していて、あなたがかまってあげなければなりません。それ以外は、泣き声はどれも同じです。強さがさまざまだというだけです。3ヵ月までには、赤ちゃんのボキャブラリーも広がって、より理解しやすくなるでしょう。

赤ちゃんを眠りに誘うママたちの方法いろいろ

私が今まで一緒に努力してきた親御さんたちの、赤ちゃんを眠りに誘う方法は次のとおりです。

・ダレンは4ヵ月のチャールズをベッドに置くと、ベビーベッドの横に座ってどれだけ彼が赤ちゃんのことを愛しているかを語りかけます。「パパはお空に登ってあちこち飛び回るほど、君のことが大好きだよ。パパはすべてのお星様が集まったぐらい、君のことが好きだよ。パパがどれだけ君を愛しているかわかる？　世界中のすべての生き物より、ずっと愛しているんだよ」

・ジェシーは3ヵ月のステフィーに対して、とてもゆっくりと語りかけました。「おやすみ、かわいい赤ちゃん。ママはここにいるわよ」

・スティーブとトレイシーの2ヵ月の赤ちゃん、エミリーは、単調なトーンで、短い文章で話しかけると落ち着いて過ごすことができました。

「おやすみ、かわいい赤ちゃん。ママが好きなもの、わかる？　ママはあなたの笑顔が大好きよ。ママはあなたのくるくるとした巻き毛が大好きよ。ママはあなたの小さな耳が大好きよ。パパはあなたのかわいらしい唇が大好きなんだって。パパはあなたの小さい足が大好きよ……」

・6ヵ月のジェンはママが本を読んでくれると気持ちが落ち着くようでした。有名な絵本、『おやすみなさいおつきさま』を読んでみてください。繰り返しの多い、短い文章で赤ちゃんを眠りに誘います。

どれだけ喜ばせようとしても、赤ちゃんが本当に機嫌を損ねていて、落ち着かないのなら、一旦〝タイムアウト（休憩）〟にしましょう。これは月齢の進んだ子どもに対する訓練のテクニックとは違います。「朝までぐっすり睡眠プラン」のタイムアウトは、回復を目的としています。目が覚めた状態でベッドに戻すという約束を守って、赤ちゃんを抱き上げて、なぐさめてあげてください。ミルクを与え、だっこして歩き、赤ちゃんが求めるだけ揺らしてあげてください。

赤ちゃんを落ち着かせるために、赤ちゃんに触れてもいいでしょう。頭をなで、お腹をさすり、あるいは手を握ってあげます。でも、**頬をなでるのはやめましょうね。無意識に哺乳反射を引き起こし、赤ちゃんはまたミルクや食べ物をもらえるのではと考えてしまいます。**

ちょっとしたアドバイス

赤ちゃんの心をすぐに読めるようになるとは思わないで。新しい言語を学ぶには、時間がかかるものでしょう？

もうひとつのオプションはＴＬＣ（話す、見る、抱きしめる）。新生児のチャプター10でくわしくお話しします。

少し疲れてきましたか？　疲れてしまったら応援を頼みましょう。赤ちゃんの兄妹だっていいですよ！　**上の子どもたちは、赤ちゃんの寝かしつけが本当に上手です**（そして成功すると自信につながるのです！）。もし上の子がママの手伝いをしたいと言ったら、あなたと一緒に赤ちゃんの側に座らせてあげて、基本のルールを覚えられるようにしてあげましょう。子どもが興味を持てる時間はそう長くはないものです。期待しすぎないようにしましょうね。それでも、子どもたちが手伝ってくれて、どれだけあなたが助かっているかは、伝えてあげましょう。

それから次は、協力的なパパの出番です。パブロフの犬のように、赤ちゃんはママとミルクを関連づけています。この条件反応は、ママが近くにいると、赤ちゃんが眠らないという状況を招いてしまいます。なぜなら、赤ちゃんの頭の中がすべてミルクになってしまうからです。解決法は、パパが赤ちゃんをベッドに連れて行くこと。その後のプロセスは、だれにとっても簡単なものになるでしょう。

赤ちゃんを眠りに誘うとき　共通のクエスチョン

赤ちゃんが泣いてしまって、私の声で落ち着かせることができなかったら？

眠りに落ちる方法を赤ちゃんが学ぶには、アップダウンがあるものです。そう、すんなりとうまくはいきません。赤ちゃんがどうしても泣きやまなかったら、抱き上げて、落ち着かせましょう。でも、赤ちゃんが静かになったら、ベッドに置いてもう一度チャレンジするのです。赤ちゃん用ベッドから出ている時間は最低限必要ですが、自分で眠りにつくことができる赤ちゃんになるまで、少し時間がかかってしまうかもしれませんね。

自分で自分を落ち着かせる訓練をベッドですればするほど、赤ちゃんは眠りを迎え入れることを学び、自分ひとりで眠りにつくようになるでしょう。

私、本当に話し続けなければいけないの？

はい、そしていいえ、ですね。**赤ちゃんが静かにしていたら、あなたも静かにしている**のがいいでしょう。でも赤ちゃんがぐずっていたら、あなたに意識を集中させて、話しかけて、落ち着かせましょう。

歌ってもいいかしら？

歌は心地よいものですが、刺激になることもあります。あなたのゴールが赤ちゃんを眠りにつかせることだとすれば、それはあまり喜ばしいことではありません。でも、赤ちゃんの興味を引こうと思うのなら、効き目があるかもしれませんよ。

いつ話しかけるのをやめればいいですか？

赤ちゃんが自分で自分をなだめる力をつけたら、ママやパパからのインプットはそれほど必要ではないでしょう。ほとんどの赤ちゃんが、**あなたが「絶好のチャンス」に睡眠トレーニングをはじめて7日、あるいはもっと短期間で、自分で眠りにつきはじめます。**

やっと、この本のタイトルの意味がわかりましたね！

ずっと立っていなくちゃいけないの？

いいえ、座って楽にしてください。赤ちゃん用ベッドの近くで立たなくてもいいんですよ。だって赤ちゃんが抱き上げてもらえると思ってしまいますから。

なんだか……バカみたいに見えませんか？

自意識は、この際わすれて。やさしい語りかけの効果を実感すれば、恥ずかしさなんて飛んでいきますから。

教えているときは、ずっと一緒にいなくちゃいけないの？

とても難しい赤ちゃんでも、いずれは自分ひとりで眠りにつく方法を習得します。数日でそれができるようになる大人しい赤ちゃんもいれば、もっと繊細で、落ち着くのが苦手な子もいます。赤ちゃんは全員まったく違うのです。

赤ちゃんがぐずっているときに抱き上げたら、赤ちゃんが混乱しませんか？

あなたが赤ちゃんに送るメッセージは「私はあなたを抱き上げてなぐさめるけれど、でも自分のベッドで寝なさいね」というもの。一旦赤ちゃんが落ち着いたら、もう一度赤ちゃんをベッドに置いて話しかけ続けましょう。そうすれば、赤ちゃんはあなたがまだ側にいることがわかります。赤ちゃんをからかっているわけではありません。あなたは赤ちゃんに、あなたに頼ることができると教えているのです。

抱き上げることで、泣くことを教えていませんか？

悲しいときに誰かがやさしさを見せてくれたら、腹が立ちます？　違いますよね！　思いやりはあなたの赤ちゃんに、ママに頼ることができると教えているのです。

赤ちゃんを眠りに誘うのに、なぜこんなに時間がかかるのですか？

すごく疲れて、しっかりと考えられないときに、将来の展望を持つのは難しいもの。でも、**「絶好のチャンス」が訪れ、睡眠のトレーニングを開始すれば、7日間（あるいはもっと短い期間）で、赤ちゃんはより長い時間寝てくれるようになります。**

赤ちゃんが自分を落ち着かせる努力をしていると、どうしたらわかりますか？

赤ちゃんがすすり泣きを始めたり、ぐずって泣きだしたら、それは自分で落ち着きを取り戻そうとしている証拠。泣くことが泣き叫ぶ様子になったら、あなたの助けが必要です。

Part 2

Look Who's Not Sleeping!

寝ない子だあれ？

よくある「寝かしつけ」の間違いって？
「睡眠プラン」を先延ばしにするとどうなる？

その代償を払うのは、
あなたとあなたの赤ちゃんなのです。

Chapter 5

一生懸命なママとパパが陥る「寝かしつけ」の落とし穴

「寝かしつけ」の問題を防ぐこと、あるいはすでにある問題を解決するには、何が効果的で、何が効果的でないかを、しっかりと把握する必要があります。多くの親が経験する、よくあるけれど、「**破滅につながる間違い**」をまずは、しっかりと見つめてください。

私は自分だけが高い場所にいて、みなさんに声をかけているわけではないのです。

私もひとりの親として、眠れない夜を経験しています。ほとんどは私の間違いが原因でした。でも、私は自分の間違いから学びました。だから、今度はあなたに、その手痛いレッスンから私が学んだことをお伝えしたいのです。

ほとんどの親が経験する「寝かしつけ」10の間違い

「寝かしつけ」の間違い1　赤ちゃんに必要以上に手をかける

チャーリーは6ヵ月の赤ちゃん。私は彼を寝かしつけるときに母乳を与えるのをやめ、だっこして、ウトウトするまで揺らし続けたのです。最悪なことに、今思い返してみれば、これは一番やってはいけないことだったわ！　今は毎晩、目を覚ましたチャーリーに母乳を与えるかわりに、起き上がって腕に抱き、揺らし続けなければならなくなりました。以前の倍の時間がかかっています。

クラリス　24歳　チャーリー　6ヵ月

「絶好のチャンス」を逃す以外で、寝かしつけで親がおかしてしまう最悪の間違いがこれです。呼吸、泣くこと、おしっこをすること、うんちをすることにかんして、もっとも活動的である新生児のときに、赤ちゃんを世話する大人は、眠りにつく方法を赤ちゃんに教えることを忘れがちです。ですから、赤ちゃんが眠りにつく「効果的な方法」を身につけられるように、ママもパパも赤ちゃんを応援してあげましょう。

でも、「効果的に眠る」ってどういう意味でしょう?

それは、眠くなった赤ちゃんがベッドに寝かされ、うとうとしつつ快適に眠りに落ちるという意味です。私はこれを「**セルフ睡眠**」と呼んでいて、これを習得した赤ちゃんは、よりよく、より深く、より長く寝てくれるのです。

残念なことに、疲れ切ったパパとママは一番抵抗されない道を選びがちですし、踊ったり、歌ったり、揺らしたり、ミルクを与えたりして、赤ちゃんを寝かしつけようとします。これは結果的に、赤ちゃんに、眠るためにそのような親の行動に依存するきっかけを与え、眠りに落ちるために必要な技術の発達を邪魔してしまいます。

要するに、**赤ちゃんを寝かすために揺らしていると、眠りに入るときは毎回、揺らさなければならなくなります。**夜になってベッドに入る時間だけではありません。数時間ごとに目を覚まし、夜中の時間でもそうなってしまうのです。

ある若いママが先日私にこう言いました。

「8ヵ月のレイチェルが唯一眠ってくれるのは、私の横で寝ているときなんです。ミルクが必要ないのはわかっています。だったらなぜ、自分のベッドで寝ないの？」

答えはシンプル。人間とは習慣で行動する生き物だからです。私たちは繰り返しの行動に慣れていますから、それから外れる行為はすべて、つらいことなのです。レイチェルの心のなかでは、眠ることがママの横で過ごすことにつながっています。だっこしてくれなくちゃ、眠らないの！

5年間の辛い不妊治療を経て授かった赤ちゃんだったから、ほんの少しでも泣かせるつもりなんてありませんでした。ジェイコブがちょっとでも泣くと、私も夫もすぐに駆けつけて彼を抱き上げていました。数ヵ月間、私はミルクを与えたり、だっこしたり、揺らしたりして、ジェイコブが泣くたびに寝かしつけました。時には夜中4回も、5回も。最初はこのすばらしい時間を大切にしていましたが、それが9ヵ月も続くと、さすがに疲れてきたのです。料理も掃除できなくなり、友達にも会わず、散歩にジェイコブを連れ出すこともなくなりました。最終的に私は、ジェイコブを泣かせっぱなしにするようになりました。だって、それ以外何をしていいのかわからなかったのです。今でも、考えるだけで罪悪感を覚えます。

ペニー 31歳 ジェイコブ 1歳

「寝かしつけ」の間違い2
図書館のように部屋を静かにする

2ヵ月のバークリーは、私と夫が夕食のテーブルにつくやいなや、必ず泣き出します。食べ物のにおいがするから起きてしまうのかと思って、実験してみました。昨夜、サンドイッチを作りました。最初の一口をかじったところでバークリーが目を覚ましたのには驚きました。それでわかったんです。彼を起こしているのは、においじゃないって。それは、私たちが食べはじめるときの静かで穏やかな雰囲気だったんです。

タリン 28歳 バークリー 2ヵ月

赤ちゃんの専門家は、ベッドタイムには穏やかな雰囲気をつくるよう推奨しています。落ち着いた状態で行う活動は赤ちゃんをリラックスさせるようです。子宮内の睡眠リズムを忘れてしまった、月齢が進んだ赤ちゃんにとっては、とても大切なアドバイスですが、

刺激がまったくない状態では、幼い赤ちゃんは狂乱状態になるのです！『Sleep』誌に科学者たちが寄稿した記事には、ママたちが長い間疑ってきたことが立証されていました。妊娠最後の10週間、胎児も眠るのです。これは、新生児はプレッツェルのように捻《よ》れた姿勢で眠ることに慣れており、四六時中、さまざまな音に囲まれていたという意味です。

しーんと図書館のように静まりかえった子ども部屋に置き去りにされた新生児が、どれだけ不安に思うか想像できますか？　あなたの考えとは裏腹に、あなたの赤ちゃんはもっと騒がしくて、音が多い環境でよく眠るのです。先にも記しましたが、ホワイトノイズが赤ちゃんにとって、とても居心地がよく、眠りを誘う音だと言われています。

「寝かしつけ」の間違い３
目覚めるのは「お腹がすいた！」からと思い込む

赤ちゃんが目を覚ますのは、お腹が空いているからと考える人がほとんどです。しかしながら、目覚めた後の幼児がたっぷり食べるといっても、その子が実際に空腹という意味ではありません。赤ちゃんに、ミルクを飲みながら、あるいはおしゃぶりを口に入れながら眠るクセが一度ついてしまうと、わずかな時間でも目覚めるたびに、その方法に依存するようになるのです。これは、夜中の数時間ごとに発生しがちです。

親の多くは、夜間もほ乳瓶でミルクを与えたり母乳を与えたりしますが、それは両親が夜中に赤ちゃんにミルクを与えることが、やりすぎであることを知らないからなのです。彼らの混乱は理解できます。有名な子育て本を読めば、対立する意見が多く記されています。たとえばこうです。

6週から8週、4ヵ月までの赤ちゃんはお腹を空かせるので、夜中に2、3回ほど、授乳が必要。でも、4ヵ月を過ぎたら1回か2回でいい。9ヵ月以降は、夜中の授乳は一切必要ない。

赤ちゃんが3ヵ月になれば、寝かしつけの授乳は必要ではないし、夜中の数度の授乳も必要ではない。

『Solve your Child's sleep』リチャード・ファーバー

もし赤ちゃんが4〜5キロ以下の体重であれば、日中に最低でも750ミリリットルから900ミリリットルの授乳が必要。あるいは6回から8回の母乳による授乳が必要（日中に4回から5回、夜間に2回から3回）。夜中の追加の授乳は必要ない。

『Secrets of the Baby Whisperer』トレイシー・ホッグとメリンダ・ブラウ

わけがわからないですよね！

あなたがもっと混乱すると困りますので、ここに私のガイドラインを記します。あなたの赤ちゃんが夜中に目を覚ます理由が、空腹なのかどうか、見極める目安となります。

これまで16万人にコンサルティングを行った結果、**一般的に、5キロの体重のある子、あるいはそれ以上の健康な赤ちゃんは、日中に十分にミルクを与えられていれば、夜間の9時間は授乳なしで過ごすことができます。**

これは生まれてから12週目あたりの赤ちゃんです。

そうはいっても私は、赤ちゃんは一人ひとりが個人として扱われるべきだと考えています。ママとパパは、自分たちの赤ちゃんが必要としていることを用意するべきで、一般的な赤ちゃんの必要性に習って行動しなくてもよいのです。でも、生後6週間で「絶好のチャンス」は始まってしまいますし、その時期に夜の授乳をやめるのは時期尚早です。生まれたばかりの赤ちゃんはお腹も小さいですし、昼夜を問わず頻繁にミルクを与えるべきです。しかし、健康な睡眠週間を教えるのに時期が早すぎるという意味ではありません。**「絶好のチャンス」が始まったら、ひとりで眠りにつくように赤ちゃんを励ましてあげましょう。一度この技術を身につければ、自然に長時間眠ることができるようになるはずです。**なぜなら、リラックスして眠る方法を知っている赤ちゃんは、夜中に目が覚めても機嫌が悪くならないからです。赤ちゃんはすぐに自分でもう一度眠りにつき、お腹が空いたときだけ目を覚ますようになります。

「寝かしつけ」の間違い4
赤ちゃんが眠ってから、ベッドに寝かす

サムの4ヵ月検診で、彼のママが私に、夜中は3時間毎に授乳していると言いました。ジェニファーはぼんやりしてしまうほど疲れ切っていると自覚していますし、サムの上の子を必要以上に叱ってしまうと言っていました。

私はジェニファーに、サムが目覚めている状態で寝かしつけているかどうかを尋ねました。彼女は、そうはしていませんでした。「揺らして、歌を歌うまで寝ないのです」と彼女は言ったのです。

その次の週、私は1枚のメッセージカードを受け取りました。そこには「私、最近忘

れっぽいのですが、先生から教えてもらったアドバイスは絶対に忘れません！　サムは8時間、ぐっすり眠ってくれています！」と書かれていました。

赤ちゃんが眠ってからベッドに寝かせることは、親が一番してはいけないことです。

あなたに抱かれていることが最後の記憶として残っている赤ちゃんが目覚めたとき、赤ちゃんを混乱させるからです。そして次にまた目が覚めてしまったとき、敏感な赤ちゃんは、自分がママに抱かれていないことをすぐに察知して、大声で泣き始めるのです。

赤ちゃんが眠くなり始め、うとうととしたときにベッドに寝かせ、満足な眠りに導いてあげる必要があります。もう一度、パート1の「朝までぐっすり睡眠プラン」について、読みこんでください。

「寝かしつけ」の間違い5　寝かせる時間が遅すぎる

ステラはまるでオモチャのうさぎのようです。眠るのを拒否して、夜中過ぎまで起きています。とうとう寝落ちしたときには、動かすのを諦めるしかありません。だって起きたら困りますから。

アユミ 22歳　ステラ 5ヵ月

大変な仕事のために覚悟を決めるのは、ワクワクしているときがいいですか、それとも疲れ果てているときがいいですか？

何か大変な仕事をしなくてはならないとき、ほとんどの人が自分の状態がいいときを選びますよね。赤ちゃんも同じです。体力があるときのほうが、新しい挑戦とすんなりつきあうことができるのです。**赤ちゃんが疲れ切ってしまう前に、ベッドタイムに入りましょう。**寝落ちする寸前の赤ちゃんよりも、ちょっと疲れたくらいの赤ちゃんのほうがより簡単に自分を落ち着かせることとできます。

赤ちゃんをベッドに置く〝正しい〟時間に気づくことは大切です。赤ちゃんは「ママ、パパ、寝る準備ができたよ」と口には出しませんが、このメッセージをわかりやすいボディーランゲージで伝えてきます。特に、疲れている赤ちゃんは……

- 目をこする、あくびをする、自分の指を噛む、吸う。
- 機嫌はいいけど我慢ができない。床で遊びたいけれど、数分後にはかまってほしい。
- ちょっと機嫌が悪く、ベッドに下ろされたくない、常に相手にしてもらいたい。

比較すると、消耗しきった赤ちゃんはフラフラで、落ち着きもなく、調整ができていない状況です。こういった場合の赤ちゃんは長時間、機嫌よくしていることができず、アイコンタクトを避け、泣きだし、かんしゃくを起こします。疲れすぎている新生児は背中を反らせて、足をバタバタとさせ、あなたから顔を背けるかもしれません。なだめようとすれば、よりいっそうとても大きな高い声で泣きだすかもしれません。

「寝かしつけ」の間違い6
新米ママとパパの不安感に惑わされる

新米ママの経験を2回しています。1回目は27年前、私の一番上の子が生まれたときです。2回目は10年前、2番目の子どもが生まれたときです。どちらのときも、同じ間違いをしてしまい、後になって悔やみました。

トゥーラ 41歳、2人の子どもの母

新米ママとパパになるということは、とても怖いことだし、胸がいっぱいになってしまうけど、喜ばしい経験です。でも、そんな喜ばしい感情も、理性的思考がかき消していきます。親たちの多くは自分のを振り返って、「なぜあんな間違いをしてしまったの？」と、驚きます。３人の子どもを育てているメグはこう言っています。

「とにかく赤ちゃんが寝てくれると、やっと休むことができると思って、うれしくてたまらなかったんです。まさかリリーが2歳になっても、だっこして揺らして寝かしつけなければならないなんて、考えてもみませんでした」

寝かしつけの間違いは多くの親がしてしまいがちですが、修正するのは案外難しいのです。たとえば私は、ほ乳瓶を口に含ませたまま寝かしつけることが虫歯の原因になると理解している多くの愛情に溢れた親を知っていますが、それでも彼らは赤ちゃんのベッドにほ乳瓶を持ち込みます。私が相談にのっている、あるお母さんは「息子のトニーには、ベッドの中でほ乳瓶を使わせました。絶望的だったからです。今は2歳ですが、虫歯が何本もあります。私は自分の失敗を心から悔いています」。

新米ママとパパ、特に疲れ切っている親は、間違った判断をして、後に後悔することが多いのを忘れてはいけません。私はここで、それがどんな判断なのか例は挙げませんが、間違った判断は少なくありません。欲を言えば、新米のママとパパは、赤ちゃんの睡眠習慣についてもっと考えるべきだと思います。自分にこう聞いてください。

「本当にこれをやり続けたい？　今から1週間？　1ヵ月？　それとも1年間？」

「寝かしつけ」の間違い7

睡眠サイクルへの誤解

間違ったことはひとつもしていないと思っていました。ジミーが目を覚ました状態でベッドに連れて行けば、自分で自分をなだめ、眠る方法を学ぶだろうと思っていました。親指を探せるようになってからは、おしゃぶりを使うのをやめて、泣いてもすぐに駆けつけるのはやめました。それなのになぜ、あのわんぱく坊主は夜中に何時間も機嫌が悪いのでしょうか。寝返りを打ち、手足をバタバタさせて、泣き出します。それも2時間おきに。まるで時計のようです。

ヴィッキー　27歳　　**ジミー　6ヵ月**

スキューバダイビングを想像してみてください。水の中に飛び込み、海面から下に潜り込みます。後に再浮上して、ボンベをつけかえて、また深いところに戻って行きます。何度も何度も、そのサイクルは繰り返されます。

ダイバーと同じように、あなたの赤ちゃんの睡眠は浅いところから深いところへ行き、このサイクルは、毎晩5回から6回ほど繰り返されます（チャプター6で説明します）。**睡眠サイクルは90分ほど。赤ちゃんの多くは短い覚醒の後に、しっかりと目を覚ましてしまいます。なぜなら、自分で自分を落ちつかせて、ふたたび眠りに戻る術を知らないからです。**赤ちゃんはまるで「おい！　ママさん！　パパさん！　早くなんとかしてくれよ！　眠れないだろ！」と、言っているようです。

夜中の覚醒は生物学的な現象です。赤ちゃんはその現象を乗り切るよう学習します。覚醒してからミルクをもらったり、揺らしてもらったりしている赤ちゃんが学ぶのは、「僕が目を覚ますと、温かいミルクが僕を寝かしつけてくれるんだ」ということ。もう一度眠りにつくこととミルクをもらうことを結びつけ、この関連性は記憶のなかに深く刻み込まれます。

パート1で、「朝までぐっすり睡眠プラン」を使った、効果的な睡眠の連携方法を学びましたね。赤ちゃんにたっぷり愛情を注いで、眠りに誘いましょう。

3ヵ月頃になれば、長時間眠りはじめるでしょう。ね、大丈夫ですよ！

「寝かしつけ」の間違い8　おしゃぶり依存を促す

最近の診察で、4ヵ月の赤ちゃんを育てている新米ママさんが「私は正しいことしかしていないのに、私の赤ちゃんは2時間ごとに起きてしまうんです」と言いました。

「ベッドに寝かすとき、マイケルは眠った状態ですよね？」と私は聞いた。

「いいえ」と彼女は答えた。

「彼は自分で眠るのですが、それでも数時間おきに目を覚ますんです」

「どうやって眠るんですか？」と私は聞いた。

「寝返りを打って、次第に眠っていきます」と彼女は答えた。

「おしゃぶりをしながら眠るの？」と私は聞いた。

「はい、外れてしまうとまた口に戻さなくちゃいけないんですけど……」

「そ・れ・よ！」

おしゃぶりは、良し悪しなんです。おしゃぶりは緊張をほぐしてくれますが、同時に赤ちゃんはそれに依存するのです。問題ではありませんが、新生児は、幼児があっという間に手袋をなくすように、おしゃぶりをなくしてしまうのです。それも夜中にね。そして、それを赤ちゃんの口に戻すのは、誰でしたっけ……？

おしゃぶりのようなグッズは赤ちゃんが眠るのに役立ちますが、眠りに落ちるときに不可欠なものになってしまいます。赤ちゃんが目覚めるたびに、すぐに手に取ることができる場所になければならない、という意味です。先ほどのお母さんとの会話のなかで示されていたように、**赤ちゃんの口におしゃぶりを戻すために、このお母さんは夜中の間ずっと、数時間おきに起き上がらなければならなかったのです。**それがなければ、赤ちゃんが眠りに戻ることができなかったから。

論理的なアドバイスとしては、おしゃぶりの使用を一切やめることです。しかしながら、米国小児科学会がＳＩＤＳの発生件数を減らすために、赤ちゃんが夜に寝るとき、昼寝をするときにはおしゃぶりを与えることを推奨し、混乱を引き起こしました。彼らは赤ちゃんがおしゃぶりを吐き出したり、なくしたりしたときは、口に戻すようアドバイスもしました。

安全は常に最優先されるべきですから、彼らのアドバイスを尊重するべきでしょう。しかし、**夜中に赤ちゃんにおしゃぶりを与えないということは極めて重要なのです。**与えないことで、赤ちゃんはより独立した眠りのスキルを発達させる機会を得るのです。

新米パパとママから、赤ちゃんが12時間眠り続け、それを自分ひとりでできたと聞くと、私は「指しゃぶり」について質問します。こういったケースでは、赤ちゃんは必ず指をしゃぶっていますから。

親指は、完璧な快眠ツールです。

だって、いつもそこにあるでしょう？　ストレスを一気に軽減しますし、親指がどこかへ行ってしまうこともありません。減ってしまうことも、交換する必要もないのです。

赤ちゃんは、なぜ親指を吸い続けるのだろうと疑問だった。ベビーフードを食べて理由がわかった。

ロバート・オーベン　コメディアン

「寝かしつけ」の間違い9
避けられないことを先延ばしにする

ティナはとても素敵なママです。発達がやや遅めの2歳の男の子と、元気のいい9ヵ月の赤ちゃんを育てています。数ヵ月前、彼女は言いました。

「叱られるかもしれないけれど、今でもグレッグの寝かしつけで必死なの。来月には睡眠習慣をつけさせようと思ってますが……」

後日ふたたびティナが私のオフィスに来たときのことです。私は「それで、最近眠れてる?」と聞いてみました。

「それは聞かないで!」

睡眠トレーニングを先延ばしにする親には、さまざまな理由があります。「絶好のチャンス」の存在を知らないとか、時間が経てば状況が変わると信じてそのときを待っているとか、あるいは、ただただ疲れ切っているとか、ね。でも、私はそんなママとパパに「絶好のチャンス」を逃して欲しくないのです。だって**睡眠習慣を定着させる機会を先延ばし**

にすればするほど、もっと多くの問題に直面しなくてはならないのですから。

私の経験では、赤ちゃんが立ち上がりはじめると、睡眠習慣はしっかりと定着し、それを変えることは困難になります。絶対にその習慣を崩すことができないという意味ではありませんが、より長い時間と創意工夫（この問題については、チャプター11でより詳しく言及しています）が必要となるのです。

こういった問題を避けるためにも、私は「絶好のチャンス」を強くおすすめしたいのです。あなたがもっと眠れるようにというだけではなく、それが赤ちゃんにとっても楽だからです。

「寝かしつけ」の間違い10　自分が眠ることに「罪悪感」がある

5ヵ月のマイケルは、生まれてこのかた、1時間半以上眠り続けることはありませんでした。母親のサンディーは、彼が寂しさを感じないように、彼が泣くとすぐさまベビーベッドに駆けつけていました。5ヵ月間続く睡眠不足に、いよいよ彼女は絶望的になりました。でも、マイケルが長く眠ることができるようにと考えるたびに、彼女は罪悪感にさいなまれるようになり、結局何もすることができませんでした。

ある朝、車を運転しているとき、サンディーの車は対向車線に進入します。奇跡的に誰もケガをすることはありませんでしたが、彼女の精神状態はズタズタになりました。そしてサンディーは気づいたのです。睡眠時間を削るという自分の行為は、マイケルにとって一切利益にならないのだと。マイケルとサンディーの健康と安全が最優先されるべきなのです。実はね、その翌週には、サンディーはぐっすりと眠ることができたんですよ。

赤ちゃんに睡眠習慣を教えることは、自分たちの健康的な生活のためだと気づかない親がほとんどです。**自分たちが眠ることに深い罪悪感を抱き、必要のない犠牲を払ってしまうのです。**幸運なことに、最近の親が自分たちの健康的な生活の意義に高い価値を見出すことで、そういった傾向は変化してきています。若い世代のお母さんの言葉がそれを物語っています。

「私は人間で、そして母です。それは、家族全員のニーズをはかりにかけるという意味です。そのニーズには私自身のものも含まれています。母親であることと殉教者であることは違います」

それは本当の意味での〝ウィン―ウィンの関係〟です。あなた自身がいい睡眠習慣を得るだけでなく、あなたの赤ちゃんの健康面での基本的ニーズも満たしてやることができるのです。

赤ちゃんと家族にとって、夜間の質のいい睡眠は、健康、安全、そして発達にとって必要不可欠です。あなたが睡眠を最優先にすることで、睡眠トレーニングでは避けられないアップダウンを管理する能力が備わるのです。ママやパパの十分な睡眠が、赤ちゃんの睡眠トレーニングを成功に導くのです。

人生には罪悪感を抱いてしまうものごとがたくさんありますよね。でも、健康的な睡眠をたっぷりとることに、罪悪感はいりませんよ。

ありがたいことに、睡眠不足にあなたを導く〝滑りやすい坂道〟は、完全に避けることができます。いいですか。危険な場所はすでにわかっているのですから、ハンドルを切って、それを避けていけばいいのです。でも、危険はここだけでは終わりません。間違えを避ける方法を知る必要があるだけではなく、あなたはいい睡眠習慣を身につける方法も知る必要があります。パート1を読みかえしてください。あなたの赤ちゃんに健康的な睡眠習慣を定着させる方法と、「朝までぐっすり睡眠プラン」について学ぶことができますよ。

Chapter 6

睡眠不足の危険性

私はジーナが6ヵ月のときに職場復帰をしました。そして、巨大なティーチングホスピタル（研修医が学びながら働く病院）のＮＩＣＵ（新生児集中治療室）で看護師として働いていたのです。シフトは10時間から12時間連続という長さ。私が職場復帰を果たす前、ジーナは12時間も寝てくれる子でした。しかし、ある日を境に彼女は夜中に2、3回目を覚ますようになります。私はジーナを置いて仕事に出ることに罪悪感を抱いていましたので、夜中に泣くジーナを無視することはできませんでした。

私は睡眠時間が減ってもどうにかやっていけると思っていました。なぜなら、夜のシフトで働くことに体が慣れていたからです。でも、昨晩、それが間違いだと気づきました。車にガソリンを入れている間に、私は居眠りをしてしまったんです！ 噴きこぼしてしまったガソリンをガソリンスタンドの従業員が片づけてくれている間、私はなんとか生活を建て直さなくては、と気づいたのです！

**ヴァレリー　28歳**　**ジーナ　9ヵ月**

多くの親たちと同じく、あなたも睡眠は無反応な状態だと考えていると思います。
しかし現実では、**あなた（そしてあなたの赤ちゃん）の体と脳は、眠っている間も忙しく働いています。**
この時間、あなたの体は重要なホルモンを生みだし、日々の疲れから回復しています。眠っている間に、あなたの脳は活発に、学んだことや、その日1日の経験を精査し、記憶していきます。睡眠によって人は、激減した体力をよみがえらせ、筋肉や組織を再生し、免疫システムを整え、精神的活力を取り戻しています。眠ることで、私たちにとって大切な感情の経験を育て、学びをしっかりとしたものにすることができると信じる精神科医がいるのです。

睡眠ステージを知ろう

睡眠ステージについて学ぶことができれば、この「朝までぐっすり睡眠プラン」をさらに理解できるだけでなく、あなたの赤ちゃんが苦しんでいるかもしれない睡眠障害について知ることができるようになります。

睡眠には、2つのタイプがあります。レム睡眠（急速眼球運動）とノンレム睡眠です。**私たちが夢を見るのはレム睡眠のときで、体が復活のプロセスのほとんどを進めているのがノンレム睡眠のときです。**

「絶好のチャンス」が訪れるちょうどそのときまで、赤ちゃんは眠り始めた直後から、レム睡眠の状態になります。そして、レム睡眠／ノンレム睡眠というサイクルと、数回の覚醒を繰り返します。

レム睡眠のとき、赤ちゃんは笑ったり、ぴくぴくと動いたり、顔をゆがめたり、不規則に呼吸したりし、目覚めやすい状態になっています。ノンレム睡眠時には、とても静かに眠り、規則的に深い呼吸をしています。そして時折、口を吸い付くように動かしたり、体を軽く痙攣《けいれん》させたりします。

もうみなさんおわかりかと思いますが、「絶好のチャンス」が始まるのは、赤ちゃんが生後6週の頃。3ヵ月になるまでには絶好のチャンスは完全に訪れています。

赤ちゃんが産まれて3週間経つと、睡眠サイクルはノンレム睡眠から始まるようになり、後に4段階の睡眠ステージを形成することになります。うとうととした睡眠から、ぐっすり深く眠るというステージまでです。

「絶好のチャンス」のタイムラインをおさらい！

赤ちゃんが生まれて6週が経過した頃に「絶好のチャンス」は始まります。3ヵ月までには完全に始まり、赤ちゃんが6ヵ月の頃には終わり始めます。9ヵ月になると、完全に終わってしまいます。

★睡眠ステージ1

赤ちゃんはウトウトと眠りはじめ、まわりの環境への認識が低下します。目は閉じてはいますが、脳自体は周囲の環境について活発に吸収しています。眠りが浅いときにベッドに寝かせると、赤ちゃんは目を覚まして泣き出す可能性が高いです。

★睡眠ステージ2

赤ちゃんはすやすやと眠り、徐々に深い睡眠に入っていきます。体の機能はゆっくりとなりますが、完全に眠っているわけではありません。赤ちゃんを見ている人にとっては睡眠ステージ1も2も、見た目に差があるわけではありません。何かに反応して、赤ちゃんは体を動かしたり、目をわずかに開けたり、口を動かして吸うような動きをしたり、泣いたりします。睡眠について調査している専門家は、脳波を調べることによってこのステージを認識しています。

★睡眠ステージ3と4

この2つは、もっとも深く、そして体を復活させている睡眠ステージです。血圧が下がり、呼吸はゆっくりとなり、筋肉はリラックスしています。筋肉への血液供給量は増え、組織の修復が行われ、エネルギーが蓄積され、ホルモンが放出されます。睡眠ステージ3は深い睡眠への第一歩です。**赤ちゃんが寝ている部屋の掃除をすることはできますが、ドアの呼び鈴などの突然の音は赤ちゃんの睡眠を妨げる**かもしれません。

睡眠ステージ4は、もっとも深い睡眠ステージで、赤ちゃんにとってはもっとも気持ちのよい状態です。赤ちゃんをベッドから抱き上げたり、おむつを交換したり、授乳を途中でやめても、赤ちゃんを起こすことなくベッドに寝かせることができます。

睡眠ステージ4のノンレム睡眠は徐々にレム睡眠となり、短時間の覚醒が起きます。それは、決まって同じ時間帯であることがあります。赤ちゃんはうめき声をあげたり体を動かしたり、目を開いて周囲を見回したりします。このような一時的な覚醒は、睡眠時には普通に起きることです。

しかし、**ふたたび眠りに戻るための力が身についていない赤ちゃんにとっては、この覚醒が大きな問題となります。**赤ちゃんが目を覚ましたのはお腹が空いたからだと思う親がほとんどですが、このような目覚めは睡眠サイクルにはよくあることなのです。

★レム睡眠

寝はじめてから約90分後にレム睡眠に入ります。

生後3ヵ月からそれより大きな赤ちゃんはレム睡眠に入ります。この睡眠状態は90分ごとに繰り返され、約5分から20分ほど続くと言われています。レム睡眠は活動的な状態で、あなたの赤ちゃんの目がまぶたの下で動いている様子で確認できます。ぴくぴくと動いたり、笑ったりすることもあるでしょう。

この睡眠ステージでは、脳内に送られる血液量は増え、夢を見はじめ、赤ちゃんの目が素早く動きはじめます。この状態では、生活騒音が赤ちゃんの眠りを妨げることはありません。赤ちゃんの筋肉反応は鈍いでしょう。もし赤ちゃんがあなたの腕の中にいるのであれば、赤ちゃんの首と頭がゆったりとして力が入っていないことがわかるでしょう。研究者は、情報や経験はレム睡眠の間はしまい込まれ、徐々に短期間の覚醒とともにレム睡眠も終わるとしています。

睡眠のステージはとても興味深いですが、実際の意味はこうです。

赤ちゃんは朝まで、自然に、短時間の覚醒を繰り返します。いい睡眠ができる赤ちゃんは、自分で落ち着きを取り戻して、あなたの助けがなくても眠りに戻ることができます。

それぞれの月齢の赤ちゃんに必要な睡眠時間とは？

すべての赤ちゃんが同じではありませんが、24時間のサイクル内で必要な眠りに対する条件は、ほとんど同じです。

★生まれたときから4週まで

必要睡眠時間：16時間から17時間

母乳育児であろうが、粉ミルクであろうが、同じことです。小さな赤ちゃんが眠り続ける最長時間は4〜5時間です（あなたが幸運だった場合）。生まれたばかりの赤ちゃんのほとんどは、一般的に1〜3時間ほどしか続けて寝てはくれません。

なぜなら、彼らには、**夜と昼を判別できる体内時計が備わっていない**からです。赤ちゃんは疲れたら眠ります。だから、24時間のサイクルの中で、均一に眠りの時間が発生していきます。新生児の眠りはレム睡眠から始まり、その後、何度かのレム睡眠、ノンレム睡眠のサイクルを繰り返します。

睡眠にかんする研究でわかってきたこと

主要な研究誌より抜粋

・出産直後の1時間ほど、赤ちゃんの肌に触れる形で抱いてあげることで、誕生後の初日を、静かに、長時間眠ることができるようになる。

・赤ちゃんが初めて眠りにつくときにおしゃぶりを与えると、SIDS（乳幼児突然死症候群）の発生を抑えることができる。これは大変いいニュースだが、これは両親にとって、新しく厳しい挑戦となる。ベッドタイムにおしゃぶりを与えることで、どうやって赤ちゃんが自らを落ち着かせるスキルを身につけることができるのだろうか。

・赤ちゃんを布でくるむことはノンレム睡眠の時間を延ばすことになり、そして一時的な目覚めの回数を減らす。赤ちゃんを布でくるむことについては、「くるむ（Ｗｒａｐ）」を参照。

・幼児や小児にテレビを見せることは、睡眠スケジュールの乱れの原因になる。

★1ヵ月から2ヵ月

必要睡眠時間：15時間30分（夜8時間半、昼寝7時間）

「絶好のチャンス」が訪れると、赤ちゃんは日中に起きている時間が長くなり、夜間にはより長い時間眠るようになります。

これが起きる原因のひとつは、赤ちゃんがより用心深く、好奇心旺盛になり、自分のまわりを意識し、自分のまわりの世界からの影響を受けにくくなっているからです。また、赤ちゃんの胃が育つことで、より多くのミルクを溜め込むことができ、次のミルクまでの時間が長くなってくれるのです。睡眠ステージもよりまとまったものとなり、より一層大人の睡眠ステージに近づいていきます。

★3ヵ月から6ヵ月

必要睡眠時間：15時間（夜10時間、昼寝5時間）

この段階の始まりには、「絶好のチャンス」は完全に訪れていますが、6ヵ月の終わり頃には、それは去って行ってしまいます。この時期、赤ちゃんは睡眠習慣を形成しているのです。**目覚めたときにあなたを呼んで泣き喚くか、それとも自然の覚醒の中でふたたびうとうとしはじめるか、ここで決まります。**3ヵ月から6ヵ月の多くの赤ちゃんが日中2回は昼寝をし、夜間は長時間眠ってくれます。

★7ヵ月から11ヵ月

必要睡眠時間：15時間（夜10時間、昼寝5時間）

この時期も、赤ちゃんは睡眠習慣を形成していっています。しかし、睡眠の時間配分が異なってくるのです。6ヵ月月を過ぎると、赤ちゃんは夜間に途切れることなく9時間から12時間は寝るべきで、30分から2時間ほどの昼寝が日中に1回から3回ほど必要です。

★12ヵ月

必要睡眠時間：14時間（夜11時間、昼寝3時間）

この時期までに、「絶好のチャンス」は完全に過ぎてしまっています。しかしながら、**その機会が過ぎてしまったとしても、また次の機会が訪れます。**赤ちゃんには次の才能と技術が備わっていますから、あなたが助けてあげれば効率の悪い睡眠習慣を正すことができるのです。

残念ながら、体重計にドスンとのせて、睡眠が足りているかどうかを測ることはできません。その代わりに、ボディーランゲージを読みとり、行動を観察して、疲れのサインを感じてあげることはできます。

あるお母さんが、赤ちゃんに「怒りっぽいフランク君」というあだ名をつけたと教えてくれました。なぜなら、フランクはとても気難しかったからです。でも、ひとたび彼が朝までぐっすり眠ることができるような方法をお母さんが学び、そして彼を助けると、そのニックネームは彼に合わなくなったそうです。

赤ちゃんとママの睡眠不足のリスク

幼児の睡眠不足の危険性は大変深刻なものです。医学誌『Early Human Development』に発表されたとある研究によると、**10ヵ月の赤ちゃんで夜中に頻繁に目を覚ます子は、よく眠る子よりも精神的成長が遅くなる**とわかったそうです。

さらなる悲劇は、睡眠不足問題が軽視されていることで、誤診につながりやすいということ。睡眠不足の根本的な弊害を知ることで、睡眠は、あなたにとっても赤ちゃんにとっても、贅沢なことではなく、不可欠なものであるとわかります。睡眠不足が、あなたに、そしてあなたの赤ちゃんに与える影響を以下に示します。

1　睡眠不足は、あなたの赤ちゃんの成長を妨げる可能性があります

私たちが眠りにつくとき、私たちの体は成長ホルモンを分泌し、それは新しい骨

や筋肉を作りだし、組織が適切な成長をし、脳に空気を運ぶ赤血球を形成します。これは赤ちゃんにとって特に大切なことです。

研究では、慢性的な睡眠不足が血中の成長ホルモンレベルを変えることがあるとしています。しかし、これが赤ちゃんの成長に影響を与えるかどうかはわかっていません。

2 睡眠不足は、SIDS（乳幼児突然死症候群）のリスクを高めます

小児科専門誌『Pediatrics』誌に掲載された文章によると、睡眠不足とSIDSの発生には関係があるとされています。

研究者は、昼寝、あるいは夜の睡眠時間を2時間遅らせて、起きていた赤ちゃんの睡眠の特徴を調べました。

そこでわかったのは、**短時間の睡眠不足は、呼吸の乱れと目覚める能力の低下を引き起こす**ということ。しかし、これらの調査結果をもって、睡眠が不足している幼児のSIDS発生率の増加を説明できるかどうかはわかっていません。

3 睡眠不足は事故を誘発します

アメリカ合衆国運輸省は、睡眠不足が毎年10万件の交通事故の原因となるとしています。ナショナル・スリープ・ファウンデーションが発表した、2004年の調査によると、37%もの運転者が運転中にいねむりを経験しているといいます。イギリスのとある研究では、**睡眠不足の母親たちの危険な運転はよくあることで、飲酒運転よりもひどい**ということです。

4 睡眠不足の赤ちゃんも親も、病気にかかりやすいです

子ども病院にやたらに通っているのではと感じたら、赤ちゃんの睡眠習慣を考えてみる必要があるかもしれません。

睡眠不足は、赤ちゃんに自然に備わっている病気と戦う力を邪魔して、免疫システムの働きを30%低下させると言われています。

シカゴ大学のとある研究では、睡眠時間が足りていない子どもは、感染に対してより抵抗力が低い傾向があることが発見されています。同じ研究者たちによる、解決のカギとなる研究では、睡眠不足は炭水化物の消化、ストレスを管理する能力、

ホルモンの適切なバランスを維持する能力を阻害することがわかりました。若く、健康な人にもそれが起きるのです。睡眠不足は老化を早め、高血圧のリスク、心臓病のリスク、心臓発作のリスクを高めるとされ、物忘れも起こします。ブラウン大学の予備研究も含む、さまざまな研究の中で、睡眠不足とコルチゾールの増加が結びつけられています。このストレスホルモンの増加は、高血圧、糖尿病、免疫反応の低下に結びつくとされます。

5 睡眠不足は肥満につながります

睡眠不足は脂肪細胞の増加を促進するホルモンの放出レベルを上げることで食欲を増加させ、血糖値を上げます。それに加え、脳に満腹を伝える脂肪制御ホルモンレベルを低下させます。慢性的な睡眠不足は、炭水化物の消化と吸収に影響を与え、それが体重の増加につながっているのです（そしてもちろん、あなたはランニングよりも昼寝を選びますよね）。研究では、望ましくない睡眠習慣が、子どもの肥満を促していることにも言及しています。

スタンフォード大学の研究では、子ども時代の睡眠不足が後の肥満につながると

し、日本の研究者たちは深い眠りの抑制が肥満に直接かかわっていることを発見しました。子どもの睡眠時間が減れば減るほど、体重が増えるのです。

6 睡眠不足は不安感を引き起こします

トロントの研究者によると、産後うつに悩まされている母親の赤ちゃんは、夜中に3回以上目を覚ます傾向にあるとしています。

7 睡眠不足の赤ちゃんは、手がかかります

睡眠不足の赤ちゃんは自分だけで遊ぼうとはせず、簡単に興奮したり、集中するのが難しく、すぐに泣きだし、母乳やほ乳瓶を嫌がったりします。慢性的に疲れを感じている赤ちゃんは、興奮したり、気分屋さんで落ち着かず、気難しく、むっとして短気です。

扱いにくいとされる赤ちゃんのほとんどが、実は睡眠不足です。

睡眠不足は、とても辛抱強くてやさしい親の心をかき乱します。イライラし怒りを抱え、一触即発状態になっている親へ変貌させてしまうのです。とある、疲れ

切ったお母さんが私にこう言いました。

「私の6ヵ月の赤ちゃんはよく眠ることができていません。もう限界です。でも、18ヵ月の上の子が一番気の毒です。今朝はジュースをこぼして、私はまるで火事でも出したかのように大声で怒鳴りつけてしまったんです」

8 睡眠不足で物覚えが悪くなる

もうひとりの疲れ切ったお母さんはこう言いました。

「オプラ・ウィンフリー・ショーを見ていたらすごく影響を受けました。でも、オプラが言ったことをまったく記憶していないの！」

寝ている間、あなたの脳は新しく入った情報をまとめ、日中のできごとを処理し、記憶と学習をつかさどる脳内化学物質の入れ替えを行い、問題を解決し、翌日を迎える準備をします。すべては、あなたが記憶を構築する基礎となるものなのです。力をふたたび蓄えてくれる睡眠が足りなくなると、自分の名前まで忘れてしまうかもしれませんよ！

赤ちゃんの睡眠　10の神話

こんな経験ありませんか？
以下がよくある赤ちゃんの睡眠にかんする勘違いです。

神話1　元気がありすぎて、赤ちゃんが寝てくれない

月齢の進んだ赤ちゃんが寝ないのは、夜中に目が覚めることがないようにするために必要不可欠な、自分を落ち着かせるツールが足りていないからです。

神話2　赤ちゃんが起きてしまうのは、お腹が空くから

大人と同じで、赤ちゃんはお腹が空いているからというよりは、他の理由で食べ物を欲しがります。赤ちゃんがミルクを飲むのは、そうすれば眠ることができると知っているからです。

神話3 私の赤ちゃんは眠るのが下手

私たちは意識することなく赤ちゃんを睡眠下手に訓練してしまっています。それは、眠りに落ちるために必要なスキルを備えてあげないからなのです。

神話4 眠る前に雑穀米を与えると、ぐっすり眠ってくれる

３ヵ月から４ヵ月以降の赤ちゃんが眠らない原因は、空腹ではありません。

神話5 泣くことは赤ちゃんの精神にダメージを与える

私は愛情育児（アタッチメント・ペアレンティング）の原理に従って、泣くだけ自由に泣かせて育てられた子どもを何人も知っています。彼らが知的に、精神的に、そして感情面で他の子と違うと思いますか？　まさか！

神話6　ある程度成長した赤ちゃんのほうが、睡眠の訓練をしやすい

間違った習慣が長く定着するほど、それを崩すのは難しいものです。

神話7　歯が生えはじめると眠らなくなる

これは事実であるときもあるでしょう。でも、歯が生えることが睡眠を妨げる原因になると、言われすぎているように私は感じています。

神話8　だめな睡眠習慣も、いつかは治る

両親の協力がない状態では、多くの赤ちゃんは、時間の経過とともに睡眠の質が下がり、よりいっそう眠ることができなくなります。睡眠障害は、魔法のように消えてなくなることはないのです。２００４年のアメリカの睡眠の統計について考えてみください。新生児から10歳までの子どもの約3分の1が、頻繁に眠りのトラブルを経験しています。

神話9 特に何もしなくても、必要であれば赤ちゃんは寝てくれる

そうだったらいいのですけれど！ 赤ちゃんは眠ることに抵抗します。それは、磁石がはじき合う様子に似ています。親は赤ちゃんが十分眠ることができているかどうか、しっかりと確認する必要があります。

神話10 赤ちゃんと一緒に目を覚ましても大丈夫、だってそうしたいんですもの！

不健康な睡眠習慣を許すことで、あなたの子どもは長期間にわたって睡眠に関する問題を抱えることになり、それは就学直前までの長い期間、影響を及ぼすでしょう。

Chapter 7

「寝かしつけ」の3大セオリー

何が問題を深刻化させるのか

今日まで、睡眠に関する議論には3つの対立する考えがありました。

・泣かせ尽くし

ファーバー博士による、赤ちゃんが自立した睡眠習慣を確立できるまで、ある程度泣いたとしてもそのままにしておく方法。

・同室育児

赤ちゃんが夜中に2度あるいは3度、目を覚ますのは自然なことであるし、赤ちゃんを同じ部屋でなだめるのは親の役目である。

・ノー・クライ・ソリューション

よくない睡眠習慣を持った赤ちゃんでも、いずれは乳離れする（かなりゆっくりのスピードで！）。

いずれの働きかけもメリットはあるでしょうが、どれも現実的ではなく、継続的に効果をあげるものでもありません。そこで、よりよい方法があります。

そう、「朝までぐっすり睡眠プラン」です。赤ちゃんにとってよい睡眠習慣を確立するための、唯一の積極的なアプローチであり、悪い睡眠習慣を直すものではありません。

臨時ニュース！　ファーバー博士は変わった！

ひとりで眠ることを覚えさせるために、「泣かせ尽くし」を20年も提唱してきた、ボストン小児病院小児睡眠障害センターのファーバー氏ですが、ここにきて突如として意見を変えました。なぜかって？　もしかしたら、お孫さんの世話をして、気持ちが変わったのかもしれません。もしかしたら、長い時間が経過して少し丸くなられたのかもしれません。理由が何であれ、現在ファーバー氏は「異なる問題には異なる解決法が必要」と提唱しています。

「泣かせ尽くし」睡眠法の背景

ファーバー博士は、10年にわたって研究を重ねた後、１９８５年に有名な〝ファーバー方式〟を確立しました。それは赤ちゃんがより長く眠る方法を赤ちゃん自ら習得する「泣かせ尽くし」方式でした。その方法とは、**赤ちゃんが目覚めたとき、ママやパパの手助けなしに、赤ちゃん自らが落ち着きを取り戻して、眠りにつくことができるようになる**というアイデアでした。詳細はこうです。

リラックスさせ、愛情たっぷりのおやすみの手順の後、まだ目が覚めている状態の赤ちゃんをベッドに寝かせます。赤ちゃんは泣きますが、しばらくは泣かせておいてもいいでしょう（その後、ママかパパが部屋に行って赤ちゃんを落ち着かせます）。赤ちゃんを泣かせておく時間は、徐々に長くしていきます。たとえば、最初の夜はママが部屋に入り、慰めてくれるまで5分ほどは泣かせてもいいでしょう。その次の夜は部屋に入るまで10分は待ちましょう。そしてその次は15分といった具合で、徐々に時間を延ばしていくのです。

私の経験では、このメソッドは、流れに身を任せるタイプのおとなしい赤ちゃんにはとてもよく効きます。しかし、もっと成長していて、より激しい、あるいは怒りっぽい赤ちゃんにとっては恐怖の経験となり、まわりの世界に圧倒された彼らは火がついたように泣きはじめます。そして一度コントロールを失うと、意識を失うまで金切り声を上げて叫び、親が降参するまで泣きわめきます。

腹の底から泣きわめく子どもを放置できる親なんているでしょうか？ そう多くはいないはずです。

これが理由で、**ファーバー方式は失敗が多いのです。**

泣くことが必要な赤ちゃんもいるでしょう（〝ルールには例外もある〟P145参照）。

私は、眠りにつくまでの数分間、赤ちゃんを泣かせたままにすることが残酷だとは思っていません（だっこ、キス、ハグを1日中受けていれば、ほんの少しのいらだちぐらいは些細なことです）。それでもやはり、泣かせ尽くすことは本当に必要なの？　と疑問に思うのです。

答えはノー！　私は、睡眠の問題を解決するもっと積極的な方法があると信じています。あなたの赤ちゃんに「絶好のチャンス」が訪れたときに、問題が発生するのを防げばよいのです。

「同室育児」――家族一緒に眠るということの犠牲

ファーバー方式の正反対に位置するのが、**まるで殉教者のようなこの方法**です。夕暮れから夜明けまで、**彼らは赤ちゃんの要求を聞き続け、24時間態勢でおっぱいやミルクを与え続け、夫婦のベッドを家族のベッドにしてしまいます。**自分自身の考えに耳を傾けず、心の声を聞いてしまっているのです。かたくなに「泣かせ尽くし」はネグレクトだと考え、それが原因で修復することのできない感情的なダメージを赤ちゃんが受けると考えます。そしてファーバー方式は、愛情に欠けた子育ての方法だと糾弾するのです。

ルールには例外もある：赤ちゃんが泣かなくてはならないとき

たとえば「絶好のチャンス」が過ぎてから時間が経過して、矛盾する睡眠トレーニングを経験して赤ちゃんが混乱しているといったシチュエーションでは、最終手段として、泣かせることも必要になるかもしれません。これはとても残念なことです。あなたにとって、5分から10分も赤ちゃんが泣き続けることは、永遠に感じられるでしょう。赤ちゃんだって同じように感じているのではと私は思うのです。だから、泣きはじめたら、その時間を短くしてあげられるように、赤ちゃんのいる部屋に頻繁に顔をだせばいいと思うのです。あなたが近くにいれば、泣いても無視されているとは赤ちゃんも考えないでしょう。そして、部屋に顔を出すたびに、「大好きよ。でも、ねんねの時間なのよ」と声をかけてあげましょう。

まるで殉教者のような育児は、このように形容できるでしょう。

「赤ちゃんの準備が整ったら、夜通し眠るようになります。そのときまで、朝から晩まで赤ちゃんの面倒をみるのはあなたの役目です」

これはまったくの本末転倒。**赤ちゃんが、親に指示を出している状態です。**本来ならば逆にならなければいけないというのに。もし赤ちゃんが一晩中ミルクを飲みたいと言えば、にっこり笑ってその通りにしてあげる。家族で一緒に眠ることを支持する人たちは、赤ちゃんが眠るまであやして、ベッドに一緒に寝て、お腹が空いたと言えば夜中でもミルクをあげるのです。これは新生児には必要なことかもしれませんが、もっと成長した赤ちゃんが本当に3時間ごとにミルクが必要なのでしょうか？


睡眠教育プログラムが行われている限り、殉教者に育てられている赤ちゃんたちは手厚く面倒をみてもらえますが、まるで王族のように、彼らは囲われた人生を進むことになり、冷静さを保つ基本的なスキルを得ることに失敗することが多いのです。

たとえば、赤ちゃんが悲しくて泣き出したからといって即座に対応していれば、あなたは無意識のうちに、赤ちゃんから感情を奪い取ることになるのです。

私の経験から言えば、このように育てられた赤ちゃんは、長期間に及ぶ睡眠問題を抱えるリスクにさらされることになります。もしあなたがこのスタイルの育児を考えているのならば、過労で倒れる前に、自分自身に聞いてみてください。**「私のこの犠牲が、本当に赤ちゃんのためになるの？」**って。

やさしいけれど、時間がかかる方法

「泣かせ尽くし」も「同室育児」も無理だけれど、どうしても睡眠が必要だという親には、**「ノー・クライ・ソリューション」**があります。赤ちゃんの適切でない睡眠習慣をおだやかに改善し、いい方向に導く方法です。

まず、睡眠の記録と質問事項を使って、効果の低い睡眠習慣に気づく方法を学びます。ママとパパはそこで、さまざまなアプローチを、効果のあるものが見つかるまで、次々と、次々と、試していきます。

基本的な考え方は、赤ちゃんはよくない睡眠習慣から、ゆっくりではあるが確実に抜け出すことができるということです。たとえば、赤ちゃんをひとりで寝かせたり、親が寝かしつけたりしてみます。親は赤ちゃんが眠りにつく前に授乳をすることを、できる限りやめるようにします。もし赤ちゃんがぐずったら、ミルクを与えます。そして次からは、ミルクなしで寝かしつけてみます。このように徐々に改善していくのです。

他の多くのアイデアと同じように、このコンセプトも紙に書いてあればすばらしいように思えますが、実行するときには問題がつきまといます。

結果が出るまで時間がかかりすぎるのです。

あまりに疲れているため、目に見える変化が出ないと、2ヵ月ほどであきらめてしまう親が多いのです。このアプローチが失敗しやすいのはそんな理由からです。

すぐに結果が見えないと納得できない人には不向きなアプローチなのです。

それでは、どの方法がベストなの？

最近の睡眠問題解決法には、共通した致命的な欠陥があります。それは、睡眠にまつわる問題の発生を防ぐのではなく、解決しようとしている点です。あきらかに、「泣かせ尽くし」は極端すぎますし、「ノー・クライ・ソリューション」は時間がかかりすぎます。

睡眠にまつわる問題を解決する唯一の方法は、それがそもそも発生しないように防ぐことなのです。ここで、「朝までぐっすり睡眠プラン」が必要になってきたというわけです。

私自身は「朝までぐっすり睡眠プラン」が、赤ちゃんによりやさしく、チャーミングで自分に合っているのでは、と思っています。たくさんの愛情をかけながら、赤ちゃんにぐっすりと眠る方法を教えてあげることができるからです。

苦しみは最小限にして、長い睡眠時間をあなたに与えることができます。そしてあなたは、タイミングさえ整えば赤ちゃんは寝てくれる、と学ぶことができるのです。

ちょっとだけ

「朝までぐっすり睡眠プラン」のおさらい

赤ちゃんの発達

新生児：一般的に生まれてから6週まで。「絶好のチャンス」が訪れるまで、赤ちゃんは新生児と考えます。

ヤングベイビー：6週から9ヶ月までの赤ちゃんを指します。「絶好のチャンス」が訪れるのがこの時期です。

オールダーベイビー：9ヶ月から1歳までの赤ちゃんです。「絶好のチャンス」が終わってしまった後でも、このオールダーベイビーが身につける新しい技術は、赤ちゃんの眠りを助けてくれます。

朝までぐっすり睡眠プランの黄金ルール

赤ちゃんはベビーベッドで、眠りにつかなくてはいけません。

ステップ1 「絶好のチャンス」を利用する

タイミングが正しければ健康的な睡眠習慣を定着させることは、やさしく、気持ちのよいプロセスとなります。

ステップ2 「気持ちいい」ベッドタイムをつくる

赤ちゃんに日常の感覚を与えることで、それが眠りにつながるようにしていきましょう。

ステップ3 眠りに誘う

あなたの声、タッチ、そしてあなたの存在感を上手に使って、あなたの赤ちゃんを落ち着かせ、眠りへと誘いましょう。

このステップ1・2・3を繰り返し続けることで、最短7日間で、赤ちゃんは「自分で眠ることができる」力を身につけるのです

Chapter 8

なぜ寝ない？ 何かがおかしいとき

「絶好のチャンス」の利点を最大限に活かしている両親の子どものほとんどが、7日間でより長い時間眠るようになります。が、例外は常にあります。赤ちゃんは全員タイプが違いますし、自分なりのスピードで順応していきます。本当に頑固な赤ちゃんにはもう少しの時間と、指導と、そして限度が必要になるでしょう。

でも、あきらめないで！　もう少しだけ我慢して、私と一緒にがんばりましょう。約束します。きっと状況はよくなりますから。

「寝てくれない問題」を乗り越える方法

「朝までぐっすり睡眠プラン」をそのとおりに実践しているのに、赤ちゃんたちがまだ自分ひとりで眠らないいし、夜通し眠ることができない？　私が赤ちゃんのご両親から聞いている、ちょっとした問題をここに紹介します。

★寝てくれない問題1　私の助けなしに、眠ってくれません！

何があっても、ブレないで。赤ちゃんはとても賢くて、泣けばなんとかなるという印象を少しでも与えてしまうと、これでもかというほど泣き続けるようになります。はっきりとしたメッセージを赤ちゃんに伝えましょう。

「あなたのことは心から愛しているけれど、あなたはベビーベッドで眠ります」と。

赤ちゃんはきっとそれに順応するでしょう。そして「朝までぐっすり睡眠プラン」の黄金のルールに従うのです。赤ちゃんは必ずベッドで眠ります。もしあなたが、ミルクを与えている間にあなたの腕の中で赤ちゃんを寝かせてしまったら、赤ちゃんは毎回必ずこれを求めるようになります。体は小さいですが、赤ちゃんの意志は相当強いものです。

毎晩、私は自分自身に「今夜こそがんばる」と言い聞かせています。でもロリアンが10分ほどすすり泣きをすると、私は例によって陥落してしまうのです。私はロリアンをベッドから抱き上げて、揺らして寝かしつけます。毎晩、同じことを考えます。「明日こそ!」って。でもロリアンは、泣き続ければ私が抱いて揺らして寝かしつけてくれるって、わかっているのです。あの子、よく知ってるわ!

フリーダ 36歳

ロリアン 7ヵ月

★寝てくれない問題2 夜、何度も起きるのです……

赤ちゃんが夜通し寝ないとき、私はママとパパに3つの質問をすることにしています。

・赤ちゃんはどのようにして眠りにつきますか?
・赤ちゃんの目が覚めると何が起きますか?
・赤ちゃんが眠るように助けるときは、いつも同じことをしていますか?

赤ちゃんが夜中に目を覚ますのは、よくあることです。そんなとき、赤ちゃんにミルクを与えなくてはいけないのではと推測する前に、赤ちゃんをもう一度寝かしつけるように試してみてください。もしできたとしたら、赤ちゃんはお腹が空いていたわけではありません。でも、もう一度眠ることができないようなら、軽くミルクを与え、もう一度、眠たいけれども起きている状態でベッドに戻します。

乳幼児（4ヵ月から6ヵ月以下）の赤ちゃんは眠りにつくことは学習していますが、夜中に何度も起きます。5・5キロ以上体重がある赤ちゃんでも、お腹が空いたから起きるというのは間違いではありません。4ヵ月から6ヵ月の赤ちゃんはよくわからない状態です。5・5キロの重さのある赤ちゃんのほとんどが夜中に長時間眠る一方、すぐにお腹を空かせる子どももいるのです。赤ちゃんは人間ですから当然、個人として扱われなくてはなりません。

しかし、**6ヵ月を過ぎたら、夜中に起きることは習慣として見なすべきで、空腹ではありません。**それゆえ、もし赤ちゃんがその時期でも夜中に起きてしまうのならば、少しずつ夜中のミルクを減らしていく方法を試してみましょう。こちらがその、穏やかなミルクの減らし方です。

夜中の授乳を徐々に減らし、乳離れさせるための2つの基本となるアプローチがあります。早い方法とゆっくりな方法です。赤ちゃんに、どちらが合っているのかを判断するのは、あなたが最適な人物でしょう。

★早い方法――早いと1日でスピード解決！

9時間という睡眠時間の間で赤ちゃんが起きてしまったら、あやしてふたたび眠らせる方法です。唐突に感じられるかもしれませんが、この強めのメッセージ、「眠りなさい。ベッドタイムです」がきっかけとなり、赤ちゃんによってはすぐに受け入れるのです。

小さな赤ちゃんに、**「夜間営業のレストランは閉店しました」**と伝える一番早い方法は、最長9時間、ミルクを与えないことです。あなたが眠る前に、赤ちゃんには〝夜食〟を与えることにしましょう。あなたにとっても赤ちゃんにとっても利益があります。

赤ちゃんを〝満タン〟にしてあげることで、赤ちゃんが泣いてもお腹が空いているわけではないことがわかり、心配しなくてすみます。

夜の終わりを告げるとき、やさしく赤ちゃんをベッドから抱き上げ、数分間あやして、ベッドに戻します。ほ乳瓶でミルクを与えているなら、赤ちゃんの頭を支えて、ミルクを与えます。**そのときベッドからは移動させません。**多くの赤ちゃんはこの時点でフラフラして、完全に起きているわけではありませんから、この授乳は夢を見ながらの状態となります。

その後、もし赤ちゃんが起きてしまったら、「朝までぐっすり睡眠プラン」を実行して、ベビーベッドから赤ちゃんを出さずに、ありとあらゆる努力を重ねてもう一度赤ちゃんを落ち着かせ、眠りへと導くのです。背中をトントンとしたり、体の位置を整えたり、やさしい声でなだめたりして、安心させてあげましょう。

でも、これ以上ミルクは与えてはいけません。どうしても必要であれば、ベビーベッドから赤ちゃんを出してあやしてもいいでしょう。ただし、赤ちゃんをベッドに戻すときは、必ず赤ちゃんがまだわずかでも起きている状態でなければなりません。

赤ちゃんのスタミナは相当なものです。疲れも感じず、あなたよりも持続力があるのです。だから、このやり方を続けるのがベストです。疲れてやる気がなくなってきてしまったら……。赤ちゃんの健康にとって睡眠は不可欠だということを思い出してください。

★ゆっくりな方法――それでも10日間で完了！

夜中の授乳から赤ちゃんを遠ざけるために、おっぱいやほ乳瓶と一緒にいる時間を減らし、その時間を延ばしていくという方法です。

赤ちゃんがほ乳瓶を使っているならば、ミルクを与えるたびに量を減らしていきます。最終的には夜中の授乳をなくします。

もし赤ちゃんが母乳を与えられているなら、授乳の回数を徐々に減らしていきます。

赤ちゃんが15分間母乳を飲むとしましょう。次の日から数日かけて、授乳時間を10分近くにしていきます。乳首を赤ちゃんの口から徐々に離して、ベビーベッドに戻す前に赤ちゃんをだっこします。赤ちゃんが嫌がったら？　もう一度やり直しです。赤ちゃんを胸に戻して、しばらく経ったら、ふたたび赤ちゃんの口から乳首を外します。赤ちゃんが離れるまで、このステップを繰り返します。

毎晩、母乳の時間を1分ずつ減らしていって、最終的に3分にします。この時点でほとんどの赤ちゃんが授乳のために目を覚まさなくなります。自分で眠りに戻ることに、ゆっくりとですが慣れてくるからです。このプロセスは10日以内で終了するのがよいでしょう。

「朝までぐっすり睡眠プラン」で起きる問題点

ここでは、睡眠にまつわる間違いを認識して、それを正す方法を学びます。ラッキーなことに、成功するためには医師免許もいらなければ、事前の経験も必要ありません。必要なのは一歩下がって、自分のシチュエーションを客観的に捉えることです。

一旦問題点が理解できたら、問題が起きているエリアは簡単な修正で元に戻ります。「絶好のチャンス」中にもっとも起きやすい、睡眠にまつわる間違いとそのシンプルな解決方法が書いてあります。このリストはすべて読んでくださいね。多くの睡眠にまつわる思い違いや間違いは、お互いが関連していることが多いのです。

★おしゃぶりの罠

Q 問題 すでに説明したように、おしゃぶりは良し悪しです。赤ちゃんをリラックスさせ、眠りに誘いますが、同時に、**眠るために依存するようになる**のです。眠っている間におしゃぶりがどこかへ行ってしまうと、目を覚まして、あなたがおしゃぶりを口に戻してくれるまで泣き続けます。それも数時間おきに！

A 解決法　最新の研究によると、おしゃぶりはＳＩＤＳの発生リスクを低減することがわかっています。専門家もそのメカニズムは解明できていませんが、夜間寝ている間に呼吸の問題が発生したとき、赤ちゃんがおしゃぶりをしていると、その発生に対して敏感になるのではという学説があります。

そこで、おしゃぶりのデメリットを排除して、そのメリットだけを利用する方法を記します。まず、ベッドタイムに赤ちゃんにおしゃぶりを与えます。もし赤ちゃんがそれを吐き出したら、口には戻さないようにします。そして、一番重要なことを書きます。**赤ちゃんが夜中に目を覚ましたときには、おしゃぶりを与えないようにしてください。**おしゃぶりを夜中に使うことでＳＩＤＳの発生リスクを低減するとはどこにも書いてありません。ただ、睡眠の方法を学ぶときの見通しを考えると、その不利な点は明らかです。

★タイミングの問題

Q 問題　疲れすぎの赤ちゃん、まったく眠くない赤ちゃんをベッドに寝かせると、問題が起きます。眠い赤ちゃんはあっという間に眠るだろうと信じて、ベッドタイムをずらす親がほとんどです。残念なことに、その判断は大きな間違いです。疲れすぎの赤ちゃんは、自分を落ち着かせるための備えを持っておらず、ベッドに置かれたとわかると、例によって泣き叫び、あなたが抱き上げるまで泣き続けます。

A 解決法 タイミングを正しくしましょう。赤ちゃんのボディーランゲージを読むのが難しいのなら、慎重すぎるぐらい慎重になって、今よりも、ほんの少し早めに赤ちゃんをベッドに寝かせましょう。大ざっぱに説明すると、「絶好のチャンス」が訪れている間は、生まれたばかりの赤ちゃんは午前中の昼寝と午後に2回目の昼寝が必要です。そして夜間には12時間睡眠をとります。106ページに書かれている疲れのサインに気をつけ、赤ちゃんが元気を取り戻す前に、ベッドに入れましょう。

★親指のジレンマ

Q 問題 親指を吸う子が自分の親指を見つけることができないと、よく眠りません。

A 解決法 赤ちゃんがリラックスしたいときに常にそこにある親指は、最強の落ち着かせツールです。私が去年オフィスで行った簡単な研究によると、おしゃぶりを吸う子に比べ、親指を吸う子は2倍ほど長く、朝まで眠ることができました。赤ちゃんにとって親指が身近になれば、あなたの夜もずっと楽になるはずです。3ヵ月頃になれば、親指を吸うために必要な技術が備わってきます。生まれつき親指を吸うことができる赤ちゃんもいますが、できない子もいます。口の中に親指を入れるのにじゃまになる可能性があるため、**赤ちゃんにはミトンを使わないでください。**赤ちゃんが顔を傷つけてしまうと心配なら、赤ちゃんの爪の尖った部分をやすりで磨いてください。

★おくるみの謎

Q **問題**　赤ちゃんが楽しめなくなる時期まで、おくるみを使う親がいます。

A **解決法**　**赤ちゃんが親指を吸うようになったら、おくるみはやめましょう。**どうしても、という場合はおくるみをしてもいいですが、片方の腕を出しましょう。ほとんどの赤ちゃんは3ヵ月から4ヵ月になると、おくるみを必要としなくなります。

★赤ちゃんと同室に

Q **問題**　赤ちゃんと一緒の部屋にいるのは心温まることですし、とても安心します。そのうえ、SIDS対策となり得ますが、ママと一緒の部屋にいることで赤ちゃんが夜中に何度も起きるかもしれません。赤ちゃんが眠りたいのに眠れないときは、騒がしく泣きますし、うなり声をあげて、ギャーギャーと騒ぎ立てます。そんなときにいつもあなたが赤ちゃんを抱き上げていたら、深い眠りに戻っていく方法を学ぶことができません。ウトウトしているときにあなたの動きを察知した赤ちゃんは、さらに声を上げて泣き出します。

A 解決法　赤ちゃんのちょっとした文句で飛び起きて赤ちゃんを抱き上げないことです。小さな音量のホワイトノイズを使えば、同じ部屋にいる赤ちゃんの気を紛らわすことができるかもしれません。６ヵ月になったら、赤ちゃんは自分の部屋に移動させましょう。

★暑い暑い暑い!!

Q 問題　寝るとき、**たくさん着込んでいる赤ちゃん**が多いですよね。暑いと寝苦しいものです。それに、必要以上に厚着させることで、睡眠／覚醒サイクル中の体内温度の調節を妨げるかもしれません。

A 解決法　すこし涼しいぐらいが、暑いよりはいいのです。軽装にして、快適な室温に部屋を整えてあげましょう。

★おしゃぶり以外の小道具

Q **問題**　赤ちゃんが眠りにつく特定の条件に慣れても、夜中の短時間の覚醒の後に、眠り直すために、何か道具を必要とします。

A **解決法**　夜中に目覚めたときにその場にない小道具を使って、赤ちゃんを眠りにつかせることはやめましょう。このルールの例外はおしゃぶりです。夜眠りにつくときには与えていいですが、眠った後に一度吐き出したら、口に戻してはいけません。かわりに赤ちゃんが眠りにつけるようになるまで、ホワイトノイズを流しましょう。

★眠った状態でベッドに行く

Q **問題**　眠った状態や目が覚めた状態でベッドに行くと、自分自身で眠る方法を学ぶことはできません。だから、ウトウトしているときに目を覚ますのです。

A **解決法**　眠いけれど、まだ意識のある状態で赤ちゃんをベッドに連れていきましょう。そうすれば、赤ちゃんがひとりで眠りにつく練習ができるし、自分自身で眠る方法を完璧に仕上げることができます。「朝までぐっすり睡眠プラン」を成功させるには、このポイントがとても重要です。

★授乳中に眠ってしまう

Q 問題　ミルクを吸うことでリラックスでき、赤ちゃんは眠りに落ちていきます。でも、あなたが赤ちゃんをベッドに寝かす前に眠ってしまいますよね。

A 解決法　夕方のもっと早い時間に授乳をすませましょう。そうすれば、吸っている間に眠りに落ちることはありません。

★とにかく泣きまくる

Q 問題　赤ちゃんが泣いているのを見ていることほど、つらいものはありません。

A 解決法　背中をそっと押して応援してあげなければ、赤ちゃんはいつまでも自分を落ち着かせる方法を習得することができません。あなたが介入する前に、赤ちゃんには自分で落ち着く機会を与えてあげましょう。もちろん、赤ちゃんができなければ、あなたが手伝ってはげましてあげるべきですが、赤ちゃんのもとに駆け寄る前に、「止まる、見る、聞く」（81ページ参照）を実践してくださいね。

★スケジュール無視

Q 問題　規則正しいスケジュールがありません。だから、赤ちゃんはベッドタイムなのに眠ることができません。

A 解決法　しっかりとしたスケジュールがあれば、睡眠にまつわる問題に直面することも減ります。赤ちゃんが3ヵ月になるまでに自然にスケジュールが決まらない場合は、あなたが作ってあげなくてはいけません。次のように、「アップ・ダウン・アップ・ダウン・ルーチン」を試してみてください。

アップ・ダウン・アップ・ダウン・ルーチン

アップ：赤ちゃんが起きたら、抱き上げて、ミルクを与える。

ダウン：ミルクを与えたら、赤ちゃんを置いて遊ばせる。赤ちゃんの年齢によって、この時間は1時間（6週から2ヵ月の間）から3〜4時間（2ヵ月からその後）となる。用事があって出かけなければならないときは、この時間帯がベスト。

アップ：昼寝の時間かベッドタイムに近くなったら、赤ちゃんをふたたび抱いて、ミルクを与える。
ダウン：赤ちゃんをベッドに寝かせる。

次にいつもの朝のスケジュールです。ほとんどのママが時計と戦っている時間帯です。

午前6時：赤ちゃんがもぞもぞと動きだし、声を出しはじめます。もう一度寝てくれないかなと願う時間です。
午前6時30分：静かな音が耳をつんざく騒音になります。赤ちゃんを抱き上げて、おむつを替え、服を着替えさせ、リラックスしたミルクの時間を楽しみます。
午前7時：未就学児を食べさせ、服を着せ、保育園に連れて行くまで1時間あります。赤ちゃんは床で遊ぶ時間です。他の子どもの仕度がすべて終わるまで、この時間が続くことを願います。

午前8時：友達が子どもを保育園に連れて行ってくれ、少しだけ時間に余裕ができました。赤ちゃんをあやしつつコーヒーを飲み、素早く着替えてキッチンを片付け、洗濯機に洗濯物を投げ入れます。昼には保育園に子どもを迎えに行かなくてはならないから、その前に赤ちゃんに昼寝をさせなくてはなりません。午後には目が覚めてくれるように。

午前9時30分：赤ちゃんが落ち着かなくなってきました。気が散っています。赤ちゃんを抱き上げて、ミルクを与え、おむつを替えます。

午前10時：昼寝の時間です。ベビーベッドに赤ちゃんを寝かせて、赤ちゃんを寝かしつけます。

午前11時30分：赤ちゃんは快適な昼寝から目覚めます。赤ちゃんを抱き上げて、軽くミルクを与え、昼までには保育園にお迎えに……。

「アップ・ダウン・アップ・ダウン・ルーチン」は、1日を、ミルク／アップ、遊び／ダウン、ミルク／アップ、眠り／ダウンというスケジュールで分けたものなのです。午前中には「アップ・ダウン・アップ・ダウンサイクル」が1回、そして午後にはもう1回です。さまざまな用事は、遊びの時間にすませるのがベストでしょう。赤ちゃんもその時間はもっとも調子がいいでしょうから。

★混乱したメッセージ

Q 問題　ベッドに寝かせると泣く赤ちゃん。あなたは赤ちゃんを抱き上げて、ミルクを与え、揺らしたりして眠らせます。でも、**これでは赤ちゃんに泣く方法を教えているようなものです。**

A 解決法　はっきりとしたメッセージを赤ちゃんに送りましょう。赤ちゃんをベッドに寝かせたら、「朝までぐっすり睡眠プラン」を使って赤ちゃんを眠りの世界に誘いましょう。近くにいて、あなたの声を聞かせて赤ちゃんを安心させ、必要であればベビーベッドからしばらく、出してあげてもいいでしょう。でも、この先については妥協せずに、「赤ちゃんは眠い状態だけれど、まだ起きている」ときにベッドに戻すのです。

Chapter 9

昼寝にも正しい方法がある

赤ちゃんの昼寝に合わせて、カーテンを日中に1度か2度は引く必要があるなんて、今さら書く必要はないですよね。たとえば洗濯物をたたむとか、料金の支払いをするとか、メールに返信するから時間が必要なの、なんて明らかな理由以外で、昼寝をさせることには重要な考察が必要なのです。昼寝は心と体の成長に不可欠なのです。

昼寝は赤ちゃんの脳に、日中起きたできごとを処理する時間を与えます。また、脳は同

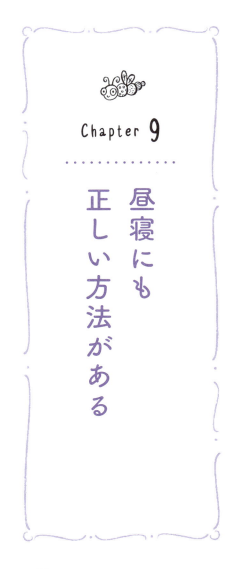

時にこのとき、体力を回復させるチャンスを与えているのです（赤ちゃんと、そしてあなたにも）。昼寝をよくする赤ちゃんは集中力を持続させる力があり、昼寝があまりできない赤ちゃんに比べ機嫌がよいということが研究から明らかになっています。

昼寝をよくする赤ちゃんほど、夜も眠る

そして、私が今から記すことは、あなたの直感に反することかもしれませんが、実は、**日中によく昼寝をする赤ちゃんのほうが、夜間もよく眠るのです。**

昼寝は赤ちゃんにとって、自分を落ち着かせる技術を磨く、貴重な機会でもあるのです。大人も昼寝から恩恵を得ることができます。私たち大人は、午後1時から3時の間に、自然にフラフラとした状態になるという研究結果があります。これは、大人の生産性、機敏さ、そして頭脳の明晰さに影響を及ぼします。

しかし、パワーアップをすることで、パフォーマンスと学習能力を向上させ、極度の疲労を減らし、大復活を遂げることができるのです。

だから、昼寝することに罪悪感を抱かないで！

昼寝の理想的なスケジュール

年齢	昼寝の回数	昼寝の長さ
2ヵ月から18ヵ月	2回 （朝食とランチの後）	30分から2時間
18ヵ月から24ヵ月	1回 （通常、ランチの後）	1、2時間
2歳から4歳	1回（午後）	1時間から1時間半

赤ちゃんがこの世の不思議に〝目覚め〟たら、場所、時間、そしてどのように昼寝をするかが、とても重要になってきます。

でも、ベッドタイムの習慣と、昼寝はどう違うのでしょうか？

実は違いはありません。昼も夜も、同じ戦略を用いるべきです。しかし、時には昼寝のほうがホワイトノイズを必要とする場合が多いのではと、私は感じています。

赤ちゃんが昼寝をするときは、どちらかの耳を上向きにして、ちゃんとホワイトノイズが聞けるようにしてあげてください。

大きめのホワイトノイズがその他の音をかき消してくれ、赤ちゃんはもうろうとしはじめます。

昼寝は貴重です。それをきっちり確保するシンプルな方法を、ここに示します。

★夜ふかししない

赤ちゃんが夜ふかしをすると、朝早い時間の昼寝をじゃますることになります。ベッドタイムは、パパが仕事から戻る前の時間になったとしても、必ず早めにしておきましょう。

★行動は早めに――眠そうな赤ちゃんもすぐ元気になる

赤ちゃんが眠そうに見えたり、眠そうにしているときは、すぐにベッドに連れて行くべきです。電話をかけたり、犬を裏庭に出したり、洗濯物を乾燥機に入れたりしていたら、あっという間に赤ちゃんはまた元気になって、昼寝をしないかもしれません。

次のような行動をしはじめたら、赤ちゃんは昼寝の準備ができています。

・あくび、目をこする、いつもよりフラフラしている、ハイテンション
・遊びに飽きる、だっこされたがる
・勝手に寝転がっている、体のバランスを簡単に崩す
・空間を見つめて親指を吸う、おしゃぶりを吸う、おっぱいを欲しがる
・目を合わせようとしない、目がどんよりしている

大人とは違い、**疲れた赤ちゃんは元気でハイテンションになります。**疲れれば疲れるほど、赤ちゃんは興奮します。想像どおり、疲れた赤ちゃんを寝かしつけるよりも、ハイテンションの赤ちゃんを寝かしつけるほうが大変です。

★いつも同じことをしましょう

毎日同じ時間に昼寝をすることで、赤ちゃんの体内時計が整います。そうすれば、毎日同じ時間に昼寝の準備ができるようになるのです。

★悪い習慣からは離れましょう

「ママと一緒に寝ないと、寝てくれないんです」と言う方がいますが、悪い習慣が確立されてしまう前に、「こんなこと、何日も、何週間も、何ヵ月も、もしかしたら何年も、本当にやりたいの？」と自分自身に聞いてみてください。恐ろしいでしょう。

昼寝の7つの罠

こんなシチュエーションにはまったことはありませんか？

★昼寝の罠1　寝かせるとすぐに目を覚まします

そもそも、あなたの腕の中で眠りに落ちるべきではないのです。ルールを覚えていますか？**「ベッドに寝かせるときは、半分起きている状態で」**。

★昼寝の罠2　昼寝を拒否するんです

こういう場合の問題は、タイミングが悪いことが多いのです。赤ちゃんは疲れるまで昼寝はしません。早く寝かせようとすれば、赤ちゃんは抵抗します。遅すぎれば、赤ちゃんはその時点で体力を回復しています。**一般的に、生まれてすぐの赤ちゃんは2時間活動したら、昼寝が必要とされています。**

★昼寝の罠3　昼寝が短いのです

赤ちゃんがうたた寝しかしない理由がいくつかあります。まず、うたた寝しか必要ないということです。**30分から40分の昼寝でフルチャージできる赤ちゃんがいるのです。**

でも、次の理由が、一番怪しいと思います。

赤ちゃんが、浅い眠りから深い眠りに入るときに問題を抱えているのかもしれません。20分昼寝しただけで起きてくるのは、落ち着くことができないからかもしれません。赤ちゃんをリラックスさせるヒントを挙げてみます。

・音量を下げる

生まれたばかりの赤ちゃんが深い眠りに入るには、10分から20分ほど必要です。邪魔が少なければ少ないほど、赤ちゃんは眠りに落ちやすくなります。ホワイトノイズに囲まれると新生児はよく眠りますが、ちょうど眠りに入ったときに家の中で大きな音が鳴るときがあります。もし年上の兄姉が家にいるようであれば、ホワイトノイズを使って部屋の外の音をさえぎってみましょう。マントラのように、単調なリズムのホワイトノイズは、深い眠りに赤ちゃんを導いてくれます。**一度、赤ちゃんが眠りにつけば、兄姉たちを静かにさせる必要はありません。**

・先回りしよう

もし赤ちゃんが30分の昼寝の後に目を覚まし続けるようなら、20分あたりで部屋に静かに入っていって、目を覚ましそうな雰囲気を出した赤ちゃんの背中をさすってあげましょう。赤ちゃんが深い眠りに入る前に、部屋を出るのはダメです。あなたが忍び足で出ていったことを悟ると、赤ちゃんはそれに気づいて起きてきます。

・ベビーベッドの外を考える

赤ちゃんが眠っているときでも、赤ちゃんのすばらしい脳は、外の信号を吸収しようと働き続けています。暗い部屋は「もう一度、眠りなさい」というメッセージを赤ちゃんに送り、昼寝の時間を延長してくれます。だから、厚めのカーテンを使って、常夜灯は消しましょう。

★昼寝の罠4 カーシートだったら、よく眠るんです

赤ちゃんは、カーシートも好きなようですね。繭《まゆ》に包まれているように感じるのでしょう。赤ちゃんは9ヵ月もの間、体を丸めて子宮の中にいるのですから、不思議ではありません。この快適さを再現するのに一番いいのが、おくるみです。最近の研究では、おくる

みで赤ちゃんの体を包むことで、赤ちゃんがより長く眠るとわかっています。

★昼寝の罠5　幼稚園帰りの車内でパワーアップ。家に着いても眠ろうとしません

時にはどうしようもないことがありますけれど、だからといって何もしないわけにもいきません。私のおすすめはこれです。**幼稚園の先生に、赤ちゃんの1週間の昼寝の時間をメモしておいてもらう**のです。迎えに行ったときに、あまり疲れてない程度に、午後の昼寝のタイミングで寝かさず、車中でほ乳瓶を与えるのをやめてみます。**動く車とリラックスできるほ乳瓶は危険なペア**ですよ。

★昼寝の罠6　いつも外出しているから、ウトウトとしか寝てくれません

とても忙しい家族が、よい昼寝の時間を作るのは難しいものです。しっかりとした休息がとれているのなら、短い昼寝が悪いということはありません。しかし、もし1日の終わりに赤ちゃんが泣きだしたり、怒ってばかりいるようになったり、車のシートに座らせた瞬間に眠りに落ちたり、自己主張ばかりするようだったら、生活の内容を変更するよう、私であれば考えると思います。もし年上の子どものスケジュールが詰まりすぎているよう

なら、シンプルにするべきでしょう。**家での昼寝を増やすために、約束を減らす、あるいはシッターを雇いましょう。**

★昼寝の罠7 私が添い寝したときしか昼寝してくれません

長い間そうするつもりがないのであれば、赤ちゃんと添い寝することは悪いことではありません。でも、**添い寝は崩すのがとても難しい習慣です。**添い寝の代わりに、赤ちゃんのベッドの近くに座り、赤ちゃんを眠りに誘ってください。赤ちゃんは添い寝と同じように、あなたの横にいる感覚を抱いて、長い時間眠ってくれるでしょう。赤ちゃんが自分を落ち着け、眠りに入るのがもっと上手になれば、部屋から出ることができるというのが、なんといっても最高のごほうびです。

なぜ、赤ちゃんは昼寝を拒否するの？

あるママがこう言ったことがあります。5ヵ月の娘を車以外の場所で昼寝させるために、毎日苦労していると。私はママにいくつか質問してみて、そしてすぐにこのママが抱えている多くの問題がわかったのです。赤ちゃんのリリーは、仕事が終わって帰ってくるパパに会うために、毎晩夜の10時まで起きていました。リリーは、午前中に目を覚まさないため、午前中の昼寝を1度もしませんでした。午後の早い時間までに、リリーは疲れすぎてしまい、幼稚園に兄を迎えに行く車内でパワーアップをしてしまうのです。リリーの2回目の昼寝は夕食の時間で、ママが夕食の支度をしているときに乗せられているブランコの上で寝てしまうのでした。結局、パパと遊ぶために遅くまで起きていることが、すべての睡眠問題の原因となっていたのです。

そのほか赤ちゃんが昼寝を拒む理由

・疲れていない

昼寝をするときは疲れている必要があります。いつもの昼寝の時間になったら、時計を見つつ、赤ちゃんの様子もうかがってみましょう。少し早い時間に疲れが出る日もあるでしょうし、時にはそれが少し遅い日もあるでしょう。赤ちゃんにとってベストな昼寝の時間を、赤ちゃんが決められるようにしましょう。しかし、必ず決まった時間に昼寝をするように努力して、誤差は10分程度に留めるべきです。

・じゃまが入りすぎる

新生児はそもそも、眠るときに発生するノイズや周辺の動きに無頓着なものです。しかし3ヵ月になると、騒がしい環境は、眠りにつくのをさえぎるようになります。

・疲れすぎている

赤ちゃんは過度の疲労に、大人とは違う方法で対処します。極度に疲労を感じている赤ちゃんは落ち着くことや眠ることが難しくなっています。それはまるで、夜中のフライトで眠ろうと努力するようなものなのです。すごく疲れているというのに、全然眠ることができない状態です。

・薬を飲んでいる

市販されている風邪薬、アレルギー薬、喘息の薬を飲んでいるママの母乳には、その成分が含まれていることがあり、それが赤ちゃんを興奮させ、眠ろうとする赤ちゃんの能力を阻害することがあります。

・歯が生えてきた

歯が生えてくると、落ち着かないかもしれません。昼間遊んでいる間も、ひとりでベッドにいるときも、考えられるのは歯の不快感のことばかり。でも、歯が生えることにすべての責任を押しつけないようにしましょう。そう考えてしまいがちなのはわかりますが、問題の根底というわけではないのです。

でも昼寝は、ベッドタイムではありません

昼寝では、赤ちゃんは目を覚ましてそのまま起き続けますが、夜の間は目を覚ましたら、もう一度寝なくてはなりません。どのようにして、小さな赤ちゃんがその違いを理解するのでしょうか？

簡単なことです。

あなたがその違いを示してあげれば、赤ちゃんは理解できるのです。

例を挙げます。

昼寝が終わった赤ちゃんをだっこしたとき、歌うような声で「こんにちは、私の赤ちゃ

ん」と声をかけ、体をマッサージし、抱きしめるのです。

夜は、部屋を暗く、静かな状態にします。夜、赤ちゃんが目覚めたときは、言葉をかけないようにします。だっこも最小限に。何か言わなければならないのであれば、ささやくだけにしましょう。

あなたが昼と夜の眠りの違いを赤ちゃんに伝えることで、赤ちゃんはすぐにそれを学ぶでしょう。

私からのもっとも大事なアドバイスはこれです。

あなたが赤ちゃんのよき手本となって、あなた自身の体も休めてください。

私の患者のひとり、ママのペネロープは、「赤ちゃんが寝ているときにあなたも寝るのよ」と友達に言われ、思わず笑ってしまったそうです。彼女はそんな声にいつも、「フン、何もわかってないくせに。18ヵ月の子どもにひとりで生きていけって言えるとでも思ってんの？」と心の中でつぶやいていました。でも、階段から落ちて骨折して、足をギプスでぐるぐる巻きにされてはじめて、不可能を可能にしたそうです。子どもふたりを同時に昼寝させて、自分も1時間はソファで休憩をとるようにしました。今では彼女は、「絶対にできないなんて、絶対に言わない」と自分に言い聞かせるそうです。

Chapter 10

新生児のとき、ママとパパが生き延びる方法

この本には、赤ちゃんが朝までぐっすり眠る方法が書かれていますが、新生児期の赤ちゃんを育てている親にとっては、「ぐっすり朝まで眠る」なんて、遠い日の懐かしい思い出かもしれませんよね。赤ちゃんを家に連れ帰ってから「絶好のチャンス」が訪れるまでは、疲れ切った体を癒すために十分な睡眠をとることが、まるで宝くじに当たるほどの

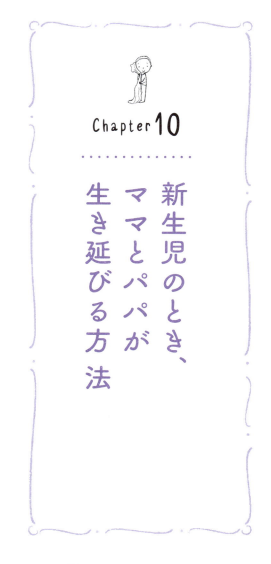

感覚の時期でもありますね。

新生児は1日に16時間ほど眠ってくれますが、それは細切れの睡眠なので、あなたはいつも眠くてたまりません。母乳育児でも、ほ乳瓶でミルクを与えていても、同じです。

私は赤ちゃんをとても愛していますし、丁寧に体を洗ってあげたりしていますが、最高の気分というよりは、なんだかがっくり落ち込んでいます。眠りたい！　ぐっすり眠りたいんです!!　この状態はいつまで続くのでしょうか？

パリス　35歳

このタイプの睡眠不足はとても特徴的なものです。母親になったばかりの女性が体を休めることができるように、通常の家庭の仕事や子育ての責任から解放してあげるという、分娩後の慣例がある文化もあります。私たちの社会では、もちろん時折、祖父母が赤ちゃんを訪問することで、たっぷりと眠れていない親が睡眠不足をしのぐこともあります。

生まれてすぐの1週間を経験して、私は職場に戻りたくなった。だって職場では

コーヒーブレイクがあるから。

ロビン　38歳

★「絶好のチャンス」が訪れるまで、あなたが沈まないでいられるメッセージ

新生児は、朝と夜の違いを理解できません。かわりに、彼らは体内時計や生物学的サイクルに従って眠るのです。眠りや空腹の信号は、自動的に赤ちゃんに送られます。これにより、赤ちゃんは2時間から4時間は眠り、1時間ほどかけてミルクを飲み、遊び、ぐずぐずとして、その後ふたたび眠りに戻ります。

あなたの体内時計と赤ちゃんのそれは全然違う

あなたのスケジュールは24時間で動いています。夜に寝て、日中は起きています。少なくともいまは、あなたとあなたの生まれたばかりの赤ちゃんは、違うサイクルを持っていると言えます。残念なことに、あなたは自分の体内時計をオフにすることはできなません。赤ちゃんのイレギュラーな授乳タイムに合わせて起き続けていくなかで、あなたの脳は「かわいい赤ちゃん、早く寝てくれ！」と懇願し続けます。

これも、いつかは過ぎ去ってくれるでしょう。赤ちゃんは6週から9週で、日中と夜の違いが理解できるようになります。

それと同時に、何が始まると思いますか？　あなたの赤ちゃんの体内時計は、そう、「絶好のチャンス」の到来とともに成熟しはじめるのです。

親のパワーアップ法（寝られるときに昼寝をして！）

6ヵ月の双子、ケイティーとカイルの母のケリー27歳は、過度の肉体疲労の危険性に気づくことになってしまいました。あまりにも疲れていて、車をバックさせる前にガレージのドアを開けることを忘れてしまい、ドアを突き破ってしまったのです。昼寝の重要性を初めて認めることになりました。

どんな大人でも、ある程度の睡眠は必要です。

長時間の睡眠が必要なのか、短くても平気なのかは、遺伝的に決まります。必要な時間だけ眠ることができないと、睡眠時間の借りが増えていきます。それを返す方法は、自分が実際に必要な睡眠時間に上乗せして、眠ることしかありません。それができるまで、あなたの体は、あなたをより疲れさせることで、眠りが必要だという信号を送り続けます。
新米ママとパパにとって長い時間寝続けることは不可能なので、眠りの借りを返すには、うたた寝をするしか方法はありません。そして、うたた寝は新米ママとパパだけのものではありません。

ＮＡＳＡの研究者は24分の昼寝で宇宙飛行士のパフォーマンスが向上することを実証しました。自転車ロードレース選手、ランス・アームストロングの監督として有名なクリス・カーマイケルは、アームストロングの全体的なトレーニング計画に昼寝は不可欠だったと言っています。

昼寝の一番大きなハードルは罪悪感です。

「やることが山ほどあるのだから、昼寝なんてできないわ！」と考えてしまうこと。
でも実際は、昼寝をしないなんてありえないのです。だからあなたを〝ぐうたら〟だと呼ぶ頭のなかの声は、どうぞ無視してください。パワーアップとは、短時間の、適切な時間帯の昼寝で、可能な限り素早く体力を回復する睡眠へとあなたを導き、またその睡眠からあなたを目覚めさせます。
本格的な睡眠とは違い、パワーアップは最初の２回のノンレム睡眠のステージです。うとうとうとした軽めの睡眠です。眠りでもたらされる体力回復の利益を得ることができるのです。

昼寝で、あなたはより注意深く、エネルギーに満ちた、寛容な人になれます。

深い眠りに入らないから、目覚めはさわやかです。毎日の生活を助けるには不十分ですが、その日を乗り越えることはできます。これは、しっかりとした食事をとるのではなく、スナックを食べるのと同じ感覚です。

パワーアップに必要なこと

1. 自分に昼寝を許すこと。
2. いつでも昼寝できるように準備する。コーヒーやカフェイン入り飲料を大量に飲んだりして、いつまでも起きていないこと。眠りに落ちることが難しくなる。

3. 赤ちゃんが昼寝をしているときは、あなたも昼寝をすること。

でも、朝と午後の早い時間だけにする。

もし夕方以降に昼寝をすると、だるさが残る。早い時間の20分の昼寝は、夕方ちかくの20分よりも体力回復効果が高い。

4. カーテンを閉じて、電気を消すこと。アイマスクをしてもよい。暗闇は眠りを誘うホルモンであるメラトニンの放出を促す。

5. 昼寝をする時間を決める。

・さっと昼寝（2~5分）ある程度効果的で注意力を回復させる。

・ちょっと昼寝（5~15分）　エネルギーを向上させる。調子が出る。学ぶ力が出る。

・満足な昼寝（20分）「さっと」と「ちょっと」の効果すべてと、記憶力の向上。

人生をシンプルに！

この時期、抱えるストレスが少なければ少ないほど、睡眠の質は向上します。あなたのスローガンは（少なくとも赤ちゃんが生まれてから6週間、あるいはもう少々長い時間）は、KISS（キス）です。Keep It Simple, Sleepyhead. つまり「**シンプルに生きよう、ねぼすけさん**」です。あなたが感じるプレッシャーを少なくするヒントです。

・整理する

赤ちゃんの寝る場所をデザインして、その周辺を変えるときは、「どうやったら機能的なスペースを作ることができるのだろう？」と考えるのです。必要なものはすべてそこに揃えましょう。おむつ、お尻ふき、クリーム、ゴミ箱、肌着、替えの服などです。家の中の動線を考えれば、あなたが走りまわる必要はありません。

・すぐに食べられる、栄養価の高い食事を準備する

こういった食事をつくるための料理本はたくさんあります。私のお気に入りはレイ

チェル・レイの『30-minutes get real meals』（30分で本物の食事）です。

・お稽古ごとを休む

小さな小さな赤ちゃんに、アルファベットのフラッシュカードや音楽のお稽古ごとが本当に必要でしょうか？　まさか！　それでも多くの親が、6ヵ月未満の赤ちゃんをスイミングや赤ちゃんヨガ、体操のクラスに参加させないと、貴重な学びの機会を奪ってしまうかも!?　と考えます。休みましょう。そして赤ちゃんとの時間を楽しみましょう。

・怒りを静める

スケジュールがいっぱいの子どもは「怒り」を抱えています。もし年長の子どものためにカレンダーを色分けしなくてはならないのであれば、あなたはやりすぎです。

・イエスと言いましょう

すべての助けは受け入れましょう。生まれたばかりの赤ちゃんは、常にミルクが必要で、おむつ替えが必要で、なだめ続けなければなりません。誰かがあなたを助けなければ、あなたには何もできないのです。

・モノは最小限に

子どもに常に新しいガジェットはいりません。オモチャ、特に、百とか千といった溢れるほどのピースのあるおもちゃが存在しないほうが、掃除はしやすいのです。

・自分のための時間をスケジューリングする

たたまなければならない洗濯物、洗わなければならないお皿、モップがけしなければならないフロアが消えることはありませんが、自分のための時間は、自分で作らなければ存在もしません。

2人でやらなくちゃ！　パパを巻き込む方法

ジェフは自分に妻ほどの睡眠が必要だとは感じていませんでした。だからオリビアが生まれて数ヵ月は、赤ちゃんが泣けばジェフが飛び起きて、ベビーベッドのあるベビールームまで行き、抱き上げて、妻の寝るベッドへ赤ちゃんを運んでいました。そうすれば妻が赤ちゃんに母乳を与えられるからです。オリビアがふたたび眠りはじめると、彼女をベビールームに戻して、ベビーベッドに寝かせていました。

ジムと彼の妻のように夜中に一緒にミルクを与えることで、2人で睡眠の借りをつくってしまうことはあきらかです。でもこの方法ならば、各自の借りを少なくすることはできますよね。だから、あなたは自分の精神状態を保つことができるはずなのです。それに、仕事を分担すれば2人の関係も強くなるでしょう。パパがもっと育児にかかわりたくなる気分にさせるヒントをお教えします。

・赤ちゃんが生まれる前に、赤ちゃんクラスや両親学級に一緒に通う。
・パートナーが赤ちゃんを抱いているときやおむつを替えているときに、監視しない。
・パートナーは赤ちゃんの面倒をみることができると信頼して、彼のやりたいようにやらせる。
・パートナーが子育てに参加することを期待する。でも点数はつけない。

・母乳を与えているのなら、パートナーは泣いた赤ちゃんをあなたのところに連れてくることや、おむつを替えること、母乳を飲んだ後のゲップ担当などができる。
・パートナーは、あなたのアシスタントではないと知る。
・パートナーが赤ちゃんを病院に連れて行くときにノートを持たせない。あなたが聞きたいことの答えを持ってこないばかりか、自尊心を傷つけられて戻ってくるから。

パートナーのみなさん、赤ちゃんが騒いでも、赤ちゃんをすぐさまママに渡さないでくださいね。いろいろと試すことで、赤ちゃんを落ち着かせる方法はわかってきます。とにかくやってみなくちゃ。

赤ちゃんの快適レベルを上げるヒント

初めての乳幼児健診でのこと。私はC医師にニーナの機嫌が悪いと伝えました。ニーナを診断した医師は、赤ちゃんは健康だと言う。「じゃあ、一体どうしてこの子はどこかが痛いみたいに泣き叫ぶんですか？」と私は聞いたのです。「ホームシックですよ」と医師は私に言いました。そしてニーナを布でくるむ方法を教えてくれたのです。まるでスイッチが入ったように、ニーナは突然静かになりました。実のところ、ニーナがあまりにも静かだから、息を吸っているかどうか確認したぐらいです。

メアリー 25歳　ニーナ 3ヵ月

昼寝でパワーアップして眠る時間をつくる方法を見つけることに加えて、この時期の赤ちゃんを、より快適な状態にしてあげる方法を見つけることは役に立ちます。それにより、あなたは長くて、中断が少ない眠りが得られるかもしれません。私がおすすめするのは次のような方法です。

★お腹の中を思い出せるものを与える

家族旅行に小さい子どもを連れて行く場合、テディベアや毛布を一緒に持っていって、家を思い出せるようにしてあげますよね。新生児の場合は何も持たずにこの世に生まれてくるわけですから、ここはママとパパが、赤ちゃんが家を思い出すものを見つけてあげなくてはいけません。これを効果的にやる方法のひとつが、子宮環境を準備することです。

布でくるむこと、おしゃぶりを与えること（胎児は14週から16週のあたりから指を吸い始めます。生まれる前から〝吸う〟という行動を頻繁にしているのです）、そしてホワイトノイズを聞かせることなどです。「絶好のチャンス」が訪れる前は、おしゃぶりは自由に与えてかまいません。でも一旦外の世界とつながれば、おしゃぶりを使う時間はベッドタイムとお昼寝の時間に制限します。このステップは「朝までぐっすり睡眠プラン」でも必要になってきます。おしゃぶりとホワイトノイズについてはチャプター3を参照。

★赤ちゃんを近くに置いておく

多くの親が赤ちゃんを、ベッドの横に置いた、かご形ベッドに寝かせます。夜中の授乳が早く、楽にできますし、添い寝をしてしまう心配がないからです。家族一緒に眠ることを選んだ人、あるいは疲労が重なったためにそうしている人は、安全対策について考えてください。

★赤ちゃんをマッサージする

赤ちゃんに触れることは、赤ちゃんによい大きな影響を与えると研究者は言います。有名な小児科学会誌には、健康な早産の赤ちゃんが5日間連続でマッサージを受けた後、マッサージを受けなかった赤ちゃんに比べ、より体重を増やしたと報告しています。この研究で私が気に入っているのは、モントリオールのマクギル大学が発表したもので、**マッサージが実際に赤ちゃんの知能指数を上げるということ**。やり方はこうです。

暖かくて快適な場所を選びます。やわらかいタオル、おむつ、おしりふき、オイル（ベジタブルオイル、フルーツオイル、種油などを選びますが、ピーナツやナッツのオイルは使用しないこと。食物アレルギーの危険があります）、そして音楽を流す機械を手の届く場所に置きます。

オイル少量を手のひらに伸ばし、赤ちゃんの太ももから、ゆっくりと長めのストロークでマッサージしはじめます。これが赤ちゃんにとってはいやな気分にならないやり方だという理由は、赤ちゃんはおむつを替えるたびに足に触れられて、それに慣れているからです。

そして足、腕、手、背中、耳、顔、胸、お腹と進んでいきます。でも、お腹をマッサージするときは強く押したりしないでください。

赤ちゃんが泣いているとき、機嫌の悪いときのマッサージは、絶対にやめてください。もし赤ちゃんが興奮し、落ち着かない様子を見せたときは、マッサージをやめるとき。赤ちゃんは小さな存在です。ですから、長い時間はいりません。長くても10分です。

生後6週のピークに期待しよう

ゲイルは生後6週のときに、顔を赤くして、足を突っぱねて、疲れて眠りに落ちるまで泣き続けるという、激しい泣き方をするようになりました。お腹にガスが溜まったのではと思い、自分の食生活に注意しつつ、お腹のガスを出す薬を与えましたが、すべてが失敗に終わり、C医師の予約をとりました。ゲイルの体重も、身長も測ってもらって、体中を調べてもらいましたが、C医師が特に何も問題はないと言ったときは疑いました（同時に安心もしました）。

「6週間のピークって言葉、知ってるかしら？」

「知りません。なんですか？」

「それはあなたの赤ちゃんの微笑みが、あなたのハートを盗む前の期間のことよ！」

C医師の予言どおり、ゲイルの涙は、その後数週間で次第に消えていきました。

エイミー 31歳 ゲイル 2ヵ月半

世界中の赤ちゃんがもっとも泣き叫び、ぐずるのは生後6週だと専門家は指摘しています。その理由は、その時期の赤ちゃんが、自分の周辺の世界に興味を持てば持つほど、スイッチの切りかえができなくなるからなのではと考えられています。自分の限界を知らずに、あっという間に押しつぶされそうになってしまうのです。まるで鍋で煮えたぎるお湯のように、激しく泣きはじめます。

ラッキーなことに、この時期は長く続きません。赤ちゃんはすぐに熱を下げる方法を学び、限界を知り、外の世界をシャットアウトするでしょう。「絶好のチャンス」が、スイッチを切ったときにはじまるのは、偶然の一致ではありません。

今のところ、この期間を耐えるしかありません。予測して、計画を立てることで、あなたもあなたの赤ちゃんも、これを乗り越えることができるようになるでしょう。

赤ちゃんと2人きりの世界をつくる「TLCテクニック」

生後まもない赤ちゃんが、自分のまわりの世界に圧倒されているけれど、まだ自分を落ち着かせる力を持ちあせてないとき、赤ちゃんを自分に集中させ、そしてまわりの世界から遮断する方法をお伝えしましょう。それは「TLCテクニック」を使って、赤ちゃんに教えることができます。TはTalk（話す）、LはLook（見る）、CはCuddle（だっこする）。

これから書く3つのステップを必ず行ってください。

T　赤ちゃんとおしゃべりをしましょう。高く明るい声でおしゃべりするのです。

L　赤ちゃんの目を直接、見ましょう。赤ちゃんが目を閉じていても、そうしてみてください。いつか、赤ちゃんは目を開きますから。

C　赤ちゃんをだっこしましょう。赤ちゃんを仰向けに寝かせて、手のひらを赤ちゃんの頭の下に入れて、前腕で赤ちゃんの体を支えます。手のひらで赤ちゃんの頭をしっかり持ってあげます。赤ちゃんの頭が45度の角度になるように持ち上げます。これであなたが赤ちゃんの目を見つめることができますね。赤ちゃんは抱き上げられると安心して目を開いて、あなたとつながります。

次のステップで、「ＴＬＣテクニック」がより効果的になります。

・赤ちゃんをくるむ
・おしゃぶりを与える、指を口に入れる。
・動きを使う。赤ちゃんの頭を手のひらに乗せて、ゆっくりと腕を上げたり下げたりする。ダンベルの動きをイメージしてみてください。やさしい動きが赤ちゃんの激しい泣き方を落ち着かせます。

赤ちゃんが激しく泣き叫んで止まらないときは、「ＴＬＣテクニック」です。赤ちゃんが経験している興奮状態から逃げ出すことができますし、赤ちゃんの神経系をリセットすることができます。これは子宮が収縮する間の一休みのようなものです。体の中の大さわぎが手に負えないときもあれば、突然収縮が消え失せ、やすらぎを感じて落ち着きを取り戻します。ひとりの幸せなお父さんが、この新しいトリックを「赤ちゃんの調光スイッチ」と名づけました。

「僕の1ヵ月のハリスが唯一、夜泣き発作から抜け出すことができた方法だったよ」

4つの「メチャクチャ睡眠」に気をつけろ！

私は赤ちゃんが生まれた直後の数週間を「メチャクチャ睡眠」と名づけました。ジョークですけど。なぜなら、早い段階で確立されてしまった習慣は、後々私たちの生活をメチャクチャにしてしまうからです。

生まれたばかりの赤ちゃん（そして新米ママとパパ）は、どうやって眠りについていいのかわからないし、夜、どうやって寝直したらいいのかもわかりません。結果として、多くの親がそのときの思いつきで行動してしまいます。

習慣は窓から投げ捨てられるものではないから、一歩一歩、減らさなくてはならない。

マーク・トウェイン

たとえば、新米パパのブライアンは、だっこでしか生後3週の息子を寝かしつけることができませんでした。無意識に彼は、後に彼を悩ますことになるメチャクチャな睡眠法を作り上げていたのです。一度メチャクチャ睡眠が定着してしまうと、自然に消えることはありません。

新生児期に発達してしまいがちな、メチャクチャ睡眠の例を挙げます。完全にメチャクチャになってしまう前に正しておかなければ、結果は散々なものになってしまいます。

メチャクチャ睡眠1　ほ乳瓶、またはおっぱいで眠る

新生児は口に何かを入れた状態で眠ることに慣れていますが、「絶好のチャンス」がはじまるまでには、それがなくても眠りに入ることができる能力を完璧に備えています。でも、赤ちゃんがほ乳瓶やおっぱいを与えられていたら、他のやり方を探しはしませんよね。

メチャクチャ睡眠2　おしゃぶり

おしゃぶりは赤ちゃんを落ち着かせますし、温かいお風呂のように、やすらぐものです。ただ、それが口から外れてしまったら……。赤ちゃんは恐怖を感じます。だって、落ち着けるたった1つのツールを失ってしまったのですから。

赤ちゃんが3ヵ月になったら（赤ちゃんが自分の親指を口に入れることができるようになるとされている時期）、赤ちゃんが寝ているときにおしゃぶりを使わせることをやめてみましょう。

そうすれば、親指を赤ちゃんが見つけようとするきっかけになりますし、親指はいつだって赤ちゃんの近くにありますよね（赤ちゃんが完全に眠ってからおしゃぶりを外すのはやめましょう。外れてしまったら、口に戻すのもやめましょう）。

メチャクチャ睡眠3　ユラユラベビー

何世紀も前から、親は赤ちゃんを揺らしたり、スクワットしながら上下に動かしたりして新生児を寝かしつけてきました。リズムのある動きはとてもリラックスしますし、ほとんど催眠術のようなものです。

でも、赤ちゃんを揺らすという動きはメチャクチャ睡眠につながってしまいます。

赤ちゃんは、特に月齢の進んだ子になると、それがなくては眠ることができなくなるのです。ただしこれは、寝かしつけるために赤ちゃんを絶対に揺らしてはいけないということではありません。そんなの滑稽ですよね！　実際、新生児は揺り動かされることでリラックスし、眠ることができるからです。

しかし、赤ちゃんが自分のまわりの世界とつながった後には、そのアプローチを修正する必要があります。「絶好のチャンス」が始まったら、「朝までぐっすり睡眠プラン」をスタートさせるべきです。

メチャクチャ睡眠4　ベッドタイムの前に寝る

あなたの腕の中で赤ちゃんが疲れ果てて眠ることとは、自然なことだと感じるかもしれません。でも、これはあっという間にメチャクチャ睡眠になってしまい、赤ちゃんは自分のベッドで眠ることができなくなります。

あなたはたぶん、このような習慣は、赤ちゃんをなだめるためには不可欠な方法だと思っていますよね。自分の直感に従って、落ち着かせトリックを使って、赤ちゃんをなだ

めてあげましょう。でも、「絶好のチャンス」が訪れたら、そんな落ち着かせトリックは突然〝罠〟に変身します。その方法は成長した赤ちゃんが自分自身をなだめる行為を後押ししないからです。

だから、「絶好のチャンス」が訪れたときは、この落ち着かせトリックと「朝までぐっすり睡眠プラン」を入れ替えるのです。あなたの赤ちゃんは、どちらも好きなはずですよ。

Chapter 11

チャンスは2度、訪れる

「絶好のチャンス」を逃したママへ

月齢の進んだ赤ちゃん（6ヵ月以降）に睡眠習慣を変えるように仕向けるのは、赤ちゃんの頭が出そうになっているのに息まないことよりも難しいかもしれません。

でも、そのどちらも可能です。 この使命を注意深く進め、月齢の進んだ赤ちゃんが眠るために何が必要なのかを理解すれば、夜中の〝格闘〟のほとんどは避けられるはずです。

「絶好のチャンス」が過ぎ去ってしまった後、間違った赤ちゃんの睡眠習慣は深く根づい

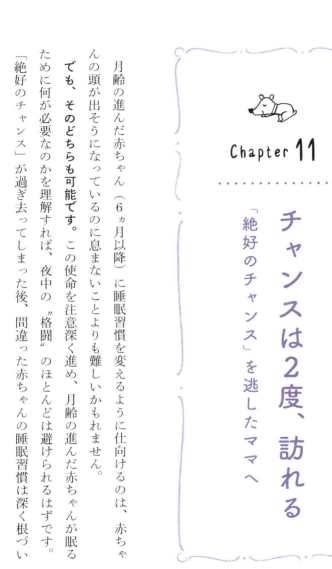

てしまっています。そのため、睡眠トレーニングは難しくなってしまうのです。新しい習慣が形作られる前に、効果のない習慣を壊す必要があるからです。

でも、チャンスが過ぎ去ってしまったとしても、大丈夫。

チャンスはもう一度、巡ってきます。「絶好のチャンス」を逃してしまったとしても、月齢の進んだ赤ちゃん特有の才能が、新しい約束をしてくれるのです。月齢が進み、より成長した赤ちゃんは、以前よりも知的で、自分の体を思うままに操ることができるのです。

詳細をご紹介する前に、変化にもっとも必要で、あまり認識されていない貴重な動機のひとつ、ストレスについて軽く触れておきたいと思います。

「ストレス」で赤ちゃんの睡眠習慣を変える

多くの親が睡眠トレーニングに失敗する理由、それは、成功するために何が必要かについて、基本的な誤解があるからです。過度の疲労を感じている親は、赤ちゃんに抵抗なしに新しい習慣を受け入れて欲しいと願います。

でも、人間の赤ちゃんはタフです。あなたよりずっと大きな声で、長い時間泣き叫びます。顔を真っ青にして失神するまで息を止めるようなこともします。さなぎが殻を破ってチョウとなるとき最大限の力を発揮するように、赤ちゃんはストレスを通じて学び、そのメリットを手に入れる必要があるのです。

まだハイハイもしっかりとできないような赤ちゃんが、手の届かない場所にあるオモチャを欲しがっていると考えてみましょう。手にしたいオモチャに近づきたいと考えれば、赤ちゃんのストレスは大きくなり、抱えきれず、手に負えなくなります。赤ちゃんは体をもぞもぞと動かし、うめき声を上げ、うなり、そして次に何をすると思いますか？

そう、ハイハイをしはじめるのです。

目を覚ました状態の赤ちゃんをベビーベッドに置いたときに、同じことが起きるのです。最初、赤ちゃんは泣き出すでしょう。

「ねえ、ちょっと、何か忘れてない？　ぼくのことゆらゆらしてくれなくちゃ、眠れないでしょ！」とでも言いたげです。でも、少し時間が経つと、自分で自分をなだめる方法を探し出します。

少しのストレスが赤ちゃんにとっていいことだなんて、バカげてると思うかもしれません。でもね、本当なんですよ。

もちろん、赤ちゃんがあなたを必要としているときは、すぐに赤ちゃんのところに駆けつけなくてはなりません。でも、赤ちゃんが泣くたびに緊急事態が起きているというわけではありません。

「ママ、たすけて！」という泣き声と「とりあえず、来て！」の泣き声の違いを理解するのが解決法です。必要であることと、とにかく来て欲しいこととは別です。

月齢の進んだ赤ちゃんの新しい才能を引き出すために、あなたはそれが何なのか知る必要があります。

6ヵ月以降の赤ちゃんの能力

★動く能力

月齢の進んだ赤ちゃんは座ることができ、ベビーベッドの上を動きまわることができます。身をくねらせ、ゴロゴロ転がり、ゆらゆらと揺れて眠っていきます。自分で起き上がって、座ることもできるのです。もぞもぞと動いて快適な場所を見つけては、そこで眠りに落ちます。口にはおしゃぶりを自分で入れることもできるのです。そして、立ち上がり、「ママ！　ママ！」と大声を上げて、ベビーベッドの柵をガタガタと揺らし、外してしまうこともあります。

★視力

月齢の進んだ赤ちゃんは三次元でものを見ることができ、色の判別もできるし、あなたの姿を部屋の向こうから鮮明に見ることができています。ドアから顔を出したら、部屋が暗くてもあなたの存在に気づきます。そして世界がはっきりとして、赤ちゃんは素敵な本を見て緊張をほぐし、空を見上げ、形や影をじっと見つめたりします。

★聞く力

6ヵ月になると、赤ちゃんは大人と同じぐらいの聴力を発達させています。それに加えて、音の記憶を発達させて、聞き覚えのある歌や声を聞くと、落ち着くことができるようになるのです。

私の知り合いがそのツールを活かして、孫を眠らせた話を教えましょう。「孫のランディは11ヵ月の赤ちゃんですが、私が『キラキラ星』を歌うととても喜びます。娘は孫が全然寝ないとぼやきますが、私の家でランディが寝るときは、お気に入りの歌を何度か歌ってあげれば、すーっと眠りにつくんですよ」。

★コミュニケーション・スキル

赤ちゃんの顔の表情やジェスチャーは、この頃にははっきりとしたわかりやすいものになります。言葉はまだ話せませんが、その雰囲気で確実に伝わります。赤ちゃんは泣く以外であなたの注意を引く方法をいくつも学んでいるのです。月齢の進んだ赤ちゃんの状態がどんなふうかを読み取るのは簡単になりますし、新しいレベルのコミュニケーション能力が発達することにより、赤ちゃんはあなたの状態を読み取ることもできるようになるのです。これはとてもよいことです。なぜなら、睡眠トレーニングが赤ちゃんの精神状態に影響を与えることを心配する必要がなくなるからです。賢い赤ちゃんは、自分の要求が通らなくても、あなたが赤ちゃんを愛していることを理解するようになります。

★知的発達

６ヵ月になると、赤ちゃんは、自分の視界の外にもものごとが存在するという概念を理解してきます。これは、あなたが部屋から出て行っても、消えたのではなく、戻ってくると赤ちゃんが理解しているということなのです。さらに、月齢の進んだ赤ちゃんの脳は、睡眠トレーニングを短時間で学んでくれます。

★ひとり遊び

月齢の進んだ赤ちゃんには、ひとり遊びする能力が備わってきます。それは眠りに落ちる前にリラックスできる、すばらしい方法です。眠る前にひとりで楽しいことをしたり、自分自身を落ち着かせる方法を上手に使えるようになってきます。

月齢の進んだ子のニーズを掘り下げていく前に、赤ちゃんを眠りに誘う一般的な睡眠の手順をおさらいしてみましょう。生まれたばかりの赤ちゃんでも、月齢の進んだ赤ちゃんでも、眠らせる（眠り続けることができる）手順です。

1．リラックスする儀式

心安らかになるベッドタイムの決まった手順で、赤ちゃんがリラックスするのを助けます。おいしい夕食、静かな遊びの時間、気持ちいいお風呂、うっとりするようなマッサージ、温かいミルク、大好きな子守歌などがそうです。そしておやすみの時間に入るのです。

2. 授乳のスケジュールを組み直す

授乳しながら眠る習慣がついている赤ちゃんの場合、その時間を早めにすることをおすすめしています。そうすれば、ママのおっぱいで眠りに落ちないように工夫できます。

3. 昼寝の回数を増やす

よい昼寝は、よい夜の休息につながります。実際には、日中によく眠る赤ちゃんは、夜にもよく眠ることがわかっています。

4. 正しいタイミングで

時計ではなく、赤ちゃんの様子や表情を見るのです。疲れのサインが見えたら、すぐベッドに赤ちゃんを連れて行きます。赤ちゃんが寝落ちするのを待たないように。

月齢の進んだ赤ちゃんの〝睡眠ボタン〟を押す

チャプター3で私は、子宮内環境を再現することと、「絶好のチャンス」のステップを使うことで、生まれたばかりの赤ちゃんの睡眠ボタンを押す方法をお伝えしました。月齢の進んだ赤ちゃんが眠るためには、さまざまな要素が必要です。

★ベビーベッド

パブロフが反応と呼ばれる現象を発見したことを覚えていますか？　月齢の進んだ赤ちゃんには、すばらしい「記憶力」が備わっていて、チャンスが与えられれば、**ベビーベッドと眠りを結びつけることができる**ようになるのです。

★ねんね用お気に入りグッズ

社会性が備わってきた赤ちゃんは、ねんねのお友達との絆を形成します。**特別な毛布、テディベア、ぬいぐるみ**などです。赤ちゃんを眠らせるのに、お気に入りグッズほど最適なものはありません。どうやったら絆を深めることができるかって？　あなたがキューピッドになって、特別な毛布やぬいぐるみを紹介してあげればいいのです。そして一緒にごろごろとする機会をたっぷりと与えてあげるのです。赤ちゃんがぐずるときには、必ず同じ毛布や同じぬいぐるみを与えましょう。そしてベビーベッドの中に、それを毎晩入れてあげましょう。安全のために、ひとつにしましょう。時間の経過とともに、絆が形成されるでしょう。早くそうなるといいですね！

★オモチャはベッドの中に入れない

眠ろうと努力している赤ちゃんが遊びたいという気持ちにならないように、お気に入りのオモチャは、オモチャ箱に入れておきましょう。

★睡眠ボタンの発見

２ヵ月頃の赤ちゃんが自分の手を見つけて、じっと見つめ続けていた姿を覚えていますか？　その後、赤ちゃんは足の指を見つけてうれしそうに口に入れたりしていたはずです。「うわあ、こんなにおいしいものを持っていたなんて」と言わんばかりです。こういった発見は、自己分析の過程で起こります。赤ちゃんは自分の睡眠ボタンを同じような自己分析の過程で発見するのです。動きまわり、手の指や足の指を吸い、バブバブと声を出して、眠りの国に旅に出るのです。**練習すればするほど、赤ちゃんは達人になっていきます。**

ヒント

ここでの重要なポイントは、ベビーベッドと睡眠をリンクさせる、効果的な反射作用を形作ること。赤ちゃんは、必ずベッドで眠りにつく必要があるのです。**あなたの腕のなかで、赤ちゃんを眠らせてはいけませんよ。**

次に、月齢の進んだ赤ちゃんの、やっかいな習慣をなくしつつ、大切な睡眠ボタンを発見するための方法を学びます。

「寝かしつけ」の悪い習慣を絶ちきる方法

「もう一度生まれ変わる」以外で、悪い睡眠習慣をどうやって断ち切るのでしょうか？「絶好のチャンス」が訪れているときに赤ちゃんが直面している睡眠習慣は、赤ちゃんの記憶バンクの中に貯められていることを思い出してください。こういった習慣は、赤ちゃんにとって、赤ちゃんが知っている唯一の眠りに落ちる方法です。ご想像のとおり、こういった習慣を壊していくことはとても難しくて、時間がかかります。

こういった習慣を変えることは、右利きの人を左利きに変えるようなもの。とても大変なことです。フラストレーションがたまりますし、混乱しますし、疲れ切ってしまいます。しかし、がんばればなんとかしてできてしまうものでもあります。赤ちゃんって、強いのです。**小さな体ですが、赤ちゃんの秘められた力は大きいのです！**　変化には時間がかかりますし、忍耐も必要です。あなたには、その両方が必要になりますね。でも、できます。

さて、ベッドタイムの手順が終わったら、月齢の進んだ子を、半分目が覚めている状態でベッドに寝かせます。きっと赤ちゃんにとって、これは慣れた眠り方でないでしょうから、抵抗されることは覚悟してください。心のなかで怒りのタイガーがガーガー吠えている間は、すすり泣いたりするでしょう。あなたの仕事は、一歩下がって、共感して、愛して、やり通す（ＨＥＬＰ）ことです。

Ｈ：一歩下がる…Hang back
Ｅ：共感する…Empathize
Ｌ：愛する…Love
Ｐ：やり通す…Persevere

赤ちゃんを安心させるのに必要なサポートと、成長に必要なスペースを同時に与えてあげるのです。そうすれば、赤ちゃんが持っている、「眠りにつくための技術」を発見する手助けをしてあげられます。ここに方法を記しますよ！

★「一歩下がる」――自分でできるまで待つ

月齢の進んだ赤ちゃんが泣きはじめたら、まずすべきことは、一歩下がることです。
月齢の進んだ赤ちゃんは、ストレスに対処できる、精神的、身体的能力を持っています。

快適さを感じたり、落ち着けるまで体を動かすことができるのです。周囲をより認知して、自信もあり、能力も備わっています。ストレスが変化のモチベーションになることはわかっていますから、ママは赤ちゃんが成長し、学べるように、動き回る場所を設けてあげなくてはなりません。あなたの赤ちゃんは、落ち着くために必要な〝ツール〟はすべて持っています。それを使うように応援してあげればいいのです。

どれだけ長い間、一歩下がればいいのか、厳密なルールはありません。赤ちゃんがひとりでいるのを楽しんでいるようなら、そこに介入する必要はありません。赤ちゃんが泣きわめいて、すでにあなたが一歩下がってから数分たっているのなら、そのときは赤ちゃんのところに行ってあげてください。しかしながら、最後の最後に、もう一度、赤ちゃんにチャンスをあげましょう。**60まで数え、まだ赤ちゃんが泣いているようなら、手を貸しましょう。**

ここでの注意点

このステージでは、赤ちゃんとのアイコンタクトはしないようにしてください。

アイコンタクトをしてしまうと、赤ちゃんはあなたが抱き上げてくれるのではと思い、興奮して心拍数や血圧を上げてしまう可能性があります。赤ちゃんがリラックスして眠りにつくことを妨げます。

★「共感する」──「だっこ」ではなく「言葉」をかける

成長した賢い赤ちゃんは、自分で自分を落ち着かせて眠りにつく技術をたくさん持っています。赤ちゃんは知的で、そして社会性を身につけていて、運動神経もそれなりにあります。それでも、あなたにそっと背中を押してもらわなければ、先へ進めないこともあるのです。赤ちゃんは、泣けばあなたの気を引けることがわかっていますから、腹が立ったときは泣いてあなたが来てくれるものだと思っています。この信頼の感覚を断ち切る理由はありませんが、それでも、**涙に応対するときは、ミルクやだっこではなく、「共感」を与えるようにしましょう。**

どれだけ泣きわめいたからといっても、鋭いナイフを幼児に与える親はいません。

「ごめんね、でも、これはオモチャじゃないのよ」

こう、あなたは言うでしょう。赤ちゃんは顔を真っ赤にして泣くかもしれませんが、それでもあなたはナイフを赤ちゃんには与えません。赤ちゃんに健康的な睡眠習慣を指導することは、同じような厳しさで行うべきですが、愛情をこめた応対も必要でしょう。

「怒っているのはわかってるよ。でもね、ねんねの時間だよ」と言いましょう。小さな赤ちゃんはあなたの言葉の意味はわかりませんが、あなたの声のトーンは理解します。感情をこめつつ、しっかりとしたトーンで話しかけましょう。赤ちゃんは「大好きだよ。でも、ねんねの時間だね」というメッセージを理解しますから！

共感するとは、赤ちゃんをだっこする代わりに、やさしい言葉をかけてあげるということなのです。あなたは赤ちゃんをサポートする立場。あなたは赤ちゃんの問題解決ツールではないのです。**赤ちゃんが自分自身で眠りにつく方法を見つけることができるまで、自分探しのプロセスに協力してあげることがゴール**なのです。

ゲイルはプロの体操競技のコーチです。10ヵ月になる娘のニーナを泣かせたくはありませんでしたが、それでも、これ以上寝ずに過ごすことはお互いに絶対に無理だと思いました。彼女はできる限りのことをしようと決断しました。赤ちゃんのコーチを務めるのです。起きているニーナをベビーベッドに寝かせ、横に座ってニーナが眠りにつくまで、応援と安らぎを与えました。

それでも、赤ちゃんが泣きやまなかったらどうしますか？

赤ちゃんはへそを曲げて怒り狂い、あなたが元気づけようとかけた言葉も、赤ちゃんの金切り声でかき消されています。

何度も繰り返してごめんなさい。でも、次のポイントはとても重要ですから、我慢してくださいね。**「絶好のチャンス」が一度通り過ぎてしまったとしても、次のチャンスは必ず巡ってきます。**月齢の進んだ赤ちゃんはたくさんのツールを持っています。身体的、そして精神的なツール両方を持ち合わせ、ストレスを乗り越えることができるのです。あなたがそこにいなくても、遅かれ早かれあなたが部屋にやってくることを、赤ちゃんは理解しています。継続の概念を発展させているからです。すぐに駆けつけて赤ちゃんを助けなくても、あなたが愛してくれていることを知っています。それでも、神経質で敏感な赤ちゃんは、多くのサポートが必要になってきます。新生児とは違い、おくるみや、指を吸うこと、あるいはなだめて気を紛らわせてあげる必要はありません。ただ、あなたが必要なのです。だから、気の毒になるほど泣きわめきはじめたら、部屋に行って、**赤ちゃんを言葉で元気づけてあげてください。**

★「愛する」――「すぐに戻ってくるからねメソッド」

赤ちゃんを元気づけてあげるのです。赤ちゃんがあなたにすり寄りたいというのなら、抱き上げてそうしてあげましょう。あなたの姿を見れば、ほとんどの場合、赤ちゃんは落ち着いてくれます。それはすばらしいことですが、もう一度部屋から出るなんてことができるでしょうか？　今から紹介する戦略は、あなたの赤ちゃんがあなたの存在に安心しつつ、ベビーベッドでひとりで過ごすことに順応できることを目指して作られました。

私はこれを、「**すぐに戻ってくるからねメソッド**」と名付けました。

赤ちゃんをなぐさめた後に、ベビーベッドに赤ちゃんを戻して、こう言いましょう。

「**あ！　ママ、忘れ物しちゃった。すぐに戻ってくるね！**」。

赤ちゃんがあなたの言葉を理解できないことはわかっていますが、私を信じてください。赤ちゃんはすぐに理解するのです。

部屋を出ます。１分、可能であればそれ以上待ってみてください。

あなたが戻ったときに、もし赤ちゃんが泣いていたら、赤ちゃんを落ち着かせるためにできることはなんでもやってみてください。ベビーベッドから出したり、ミルクを与えたり、あやしたり……そしてもう一度ベビーベッドに、赤ちゃんが半分起きている状態で戻すのです。さあ、もう一度いきますよ。

「あ！　ママったら忘れ物しちゃったわ。すぐに戻るね！」

そして、回を重ねる毎に、長い時間、赤ちゃんの部屋から離れるのです。この方法で、あなたが部屋に戻るまでに、赤ちゃんが自分を落ち着かせることができるように、そっと背中を押してあげられるのです。もしあなたが部屋から出るときに泣くようだったら、こう言いましょう。

「大丈夫よ。ママはすぐに戻るからね。少ししたら戻るから！」

こんなことを繰り返している間に、赤ちゃんはあなたが部屋にいない間に眠りはじめるでしょう。赤ちゃんが眠ることができるまで、この出たり入ったりを繰り返します。「短い苦しみは、長い果報を」と考えましょう。

★「やり通す」――やり通すと手に入れられるもの

「朝までぐっすり睡眠プラン」は、赤ちゃんにやさしく健康的な睡眠習慣を定着させるために作られました。私たちのゴールは、痛みが最小限のプロセスにすることですから、多少時間がかかります。走るよりも歩くほうが時間がかかりますが、いずれにせよ、あなたはゴールラインに辿りつくことができます。しかし、歩くことは、体にとってはやさしいこと。特に、体調が万全でない親たちにとっては必要不可欠なことです。

一歩下がって、共感して、愛して、やり通す（ＨＥＬＰ）を行って、赤ちゃんにより効果的な睡眠習慣を発達させるときにも同じことが言えるのです。時間はかかりますが、痛みは少ないのですよ。

イソップの『うさぎとかめ』の物語を覚えていますか？　うさぎは自分のスピードを誇らしげに自慢して、相手を選ばずレースを挑みます。かめはそれを受け入れますが、うさぎはバカにして笑います。レースははじまり、かめとうさぎは出発します。傲慢なうさぎが、いつでも追いつけるからと昼寝を始めても、かめはゆっくりと先に進むのです。しかしうさぎは寝過ごしてしまい、かめがゴールに辿りつく姿を後ろから見ることになったのです。幸運なことに、あなたが疲れ切っていようとも、その進み方がとても遅かったとしても、自分のしていることを疑ったとしても、あなたはやり抜くことができます。

うれしいことに、ほとんどの赤ちゃんが新しい睡眠習慣を数週間で受け入れてくれます。

時には、あなたが正しいことをしていたとしても、変化に弱い赤ちゃんが抵抗することがあります。

そのときに、どんな頑固な赤ちゃんでも軌道修正できる戦略を、次に記します。

もう我慢の限界……何をやってもダメなときは！

赤ちゃんの睡眠習慣が悪化しすぎて、誰も十分に眠ることができなくなった場合は、ブレないスタンスが必要なときもあります。

スペンサーの例を見てみましょう。

8ヵ月のスペンサーは1ヵ月前まではよく眠る子でしたが、初めて風邪を引いて中耳炎になってしまった頃から状況は変わりました。最初は耳が痛くてたまらず、ママの腕の中でしか安らぐことができなかったのです。ママの横で一緒に眠った幸せいっぱいの3日間の後、スペンサーはベビーベッドに戻ることをきっぱりと拒否するようになったのです。

「いいわよスペンサー、ママとパパと一緒に寝よう」。

その３週間後、ママが私のオフィスにやってきました。スペンサーがいまだに２時間ごとに目を覚ますから、また中耳炎だろうと完全に信じ込んでいました。でも、スペンサーは中耳炎ではなかったのです。問題は完全に、ママの振る舞いにあったのです。

赤ちゃんを〝泣き尽くす〟まで泣かせるより、山ほどの洗濯物を洗ったほうがましという親御さんがほとんどです。でも、もしあなたが疲れ切ってしまって、何をやっても効果が出ないのであれば、**赤ちゃんをそこから〝抜け出す〟ために、ほんの少しだけ赤ちゃんを泣かせることも、必要になってくるかもしれません。**

９ヵ月になると、赤ちゃんは母乳やほ乳瓶を使って寝かしつけられた経験が、最低でも１４００回ほどはある計算です。突然、変化が必要だからとあなたは心を決め、赤ちゃんはそのままにされてしまいます。

「**ねえ、ママ、怒っちゃったの？　どうやって寝たらいいの？**」

こんなふうに赤ちゃんは思ってしまうかもしれませんよね。

赤ちゃんは、眠りにつくための自然な能力を備えて生まれてくるわけではありません。トイレトレーニングと同じで、育んであげなければならないものなのです。

本来なら、「絶好のチャンス」が訪れているときに健康的な睡眠習慣を推し進めるのが1つのやり方ではあります。だからといって、悪い睡眠習慣が完全に根づいてしまった後で、それを変更するのは、難しいとはいえ不可能ではありません。

このチャプターの最初で私たちは、やさしい方法を用いて赤ちゃんによい習慣を植えつけることについて話しました。頑固な赤ちゃんがどうしても納得しないときがあり、世界中のやさしさをかき集めたってどうしようもないときがあります。頑固な赤ちゃんたちは、さまざまなアプローチに直面し、完全に混乱してしまっているのです。

ですから、明確なメッセージを送ることでしか、解決できません。次に挙げる2つの戦略は、とても明確で、同時に赤ちゃんにとって、やさしいメッセージです。

★「やさしく、でも厳しくプラン」

この方法は、最終手段の1つ前の試みになります。最低限の涙で、健康的な睡眠プランを育むものです。

1. 通常のベッドタイムの手順を行います。ただし、揺らしたり、授乳したり、ミルクを与えたりして寝かしつけるのはやめましょう。眠いけれど、まだ起きている状態で赤ちゃんをベビーベッドに入れましょう。

2.「大好きよ。さあ、ねんねしましょう」と声をかけて、部屋を出ます。

3.もし赤ちゃんが泣くようであれば、数分間部屋に入らずに赤ちゃんが落ち着くことができるかどうか見極めます。赤ちゃんを困らせているのではと心配しなくて大丈夫です。赤ちゃんは不変性を理解して、あなたが戻ってくることは理解しています。それに、赤ちゃんは落ち着くためのツールはすべて持っているのです。ただ、それを使うために、ちょっとした応援が必要なのです。

4.赤ちゃんが泣きやまないのなら、赤ちゃんを助けましょう。いつもするように、赤ちゃんを落ち着かせます。揺らしたり、ミルクを与えたり、歌を歌ってあげてもいいでしょう。しかし、徐々に赤ちゃんをベビーベッドに戻していきます。赤ちゃんの状態は、眠いけれどまだ起きている状態です。

5. もう一度部屋を離れます。「大好きよ。さあ、ねんねしましょう」と声をかけます。これは「ママはここにいるけれども、それでもねんねしなくてはいけません」というメッセージを赤ちゃんに送ります。

6. それでもまだ赤ちゃんが泣きはじめたら、先に述べたステップを繰り返しますが、部屋にあなたが戻るたびに、赤ちゃんをなぐさめる時間を短くしていきます。そして、泣き声に反応する時間を延ばしていきます。こうすることで、赤ちゃんが自分を落ち着かせる技術を発見する手助けをすることができます。

7. ベビーベッドで赤ちゃんが眠りにつくまで、部屋を出たり入ったりを繰り返します。**赤ちゃんが眠りにつくそのときまで、これを繰り返す覚悟を決めてください。**この作業はあなたのパートナーや家族と協力しながら進めることを強くおすすめします。赤ちゃんのスタミナはオリンピックの金メダリスト並みなのですから。

「すぐに戻ってくるからねメソッド」との違いに気づきましたか？

「やさしく、でも厳しくプラン」では、あなたは赤ちゃんがいる部屋から出て、必要なときだけ中に入ります。これは、まずは部屋の中にいて、それから外に出る時間を延ばしていく「すぐに戻ってくるからねメソッド」とは逆なのです。どちらのアプローチも明確なメッセージを赤ちゃんに送ります。それは「**あなたのことが大好きよ。でも、ねんねの時間よ**」です。しかし、「やさしく、でも厳しくプラン」のメッセージのほうがより強く、勢いがあります。親御さんたちによく、

「『やさしく、でも厳しくプラン』はどれぐらい続ければいいですか？　どれぐらいでギブアップして、次のステップに行けばいいのですか？」

と質問されます。お答えしましょう。もし1週間経っても進展がないようだったら（でも、あなたが首尾一貫した手順を追っていればその可能性は低いと思います）、それは次に進むサインです。

★「スリープフィクス」といういやな方法

これは私が一番嫌いな方法です。

すべてに挑戦して消耗していない限り、おすすめできるものではありません。

1. いつものベッドタイムの手順を進めるけれど、揺らしたり、授乳したり、ミルクを与えたりして寝かしつけない。ベッドには、眠いけれどもまだ起きている状態で赤ちゃんを寝かせる。

2. 部屋から出て、「大好きよ。さあ、ねんねしてね」と声をかけます。

3. 赤ちゃんが泣いたら、部屋をのぞいて安全を確認します。そして「大好きよ。さあ、ねんねしましょうね」と声をかけます。そして姿を消します。

4. 赤ちゃんが眠るまで、2と3を繰り返す。

5. 夜中に目覚めるようなら、同じステップを繰り返す。

睡眠障害の危険性について、お気づきになったと思います。赤ちゃんがいくら泣こうが、睡眠習慣の矯正を、おすすめすることを、ご理解いただければと思います。泣くことが赤ちゃんの精神面に悪影響を与えることはありません。毎日、あなたがどれだけ赤ちゃんに愛情を注いでいるか、どれだけ尽くしているかを思い出してください。でも、睡眠障害は大きな問題になり得るのですから。

月齢の進んだ子に起きる「共通の失敗」

私の9ヵ月の赤ちゃんは、私がベビーベッドに近づくと、しがみついてきます。私は彼女を引きはがすようにして、ベビーベッドに寝かさなくてはなりません。

それはあなたの赤ちゃんがベビーベッドで寝ることに抵抗しているからですよ。まずは赤ちゃんの安らぎレベルを上げてあげましょう。ベッドルームで一緒に遊ぶことからはじめます。ベビーベッドの存在など気づかせないようにしつつ、でも、すぐ近くで遊ぶのです。次に、ベビーベッドにオモチャを投げ入れます。そして赤ちゃんを支えて、赤ちゃんがベッドからオモチャを手にとることができるようにします。そしてたくさんのオモチャをベビーベッドに入れて、あなたが見守りつつ、遊ばせてあげましょう。ベビーベッドに対してポジティブな思い出を重ねれば重ねるほど、抵抗を感じなくなるでしょう。

気をつけて！

ベビーベッドの中にたくさんのオモチャを入れた状態で、赤ちゃんをひとりにしないでください。危険な場合があります。

ベビーベッドでひとりになったと気づいて火がついたように泣きはじめるまで、30分もかかりません。どうしたらいいのですか？

タイミングは正しいですか？　最初の疲れのサインが見えたらすぐにベッドに入れるのです。お気に入りの毛布は、この変化を穏やかなものにしてくれます。でも、自分で落ち着きを取り戻すチャンスを与える前に、抱き上げるのはやめましょう。

ある夜、私の12ヵ月の赤ちゃんが寝たり起きたりを45分も繰り返し、ギブアップした私は赤ちゃんを私のベッドに寝かせました（その直後に赤ちゃんは寝ました）。

穏やかな方法には、時間が必要なんです。可能であれば、あなたの負担を減らすことができるように、誰かに待機してもらってください。リレーのバトンのように、仕事を手渡すのです。

一貫性を持たせることがもっとも重要です。そうでないと、赤ちゃんは泣くことに価値があると学び、あなたが陥落するまで延々と叫び続けます。自分を落ち着かせるスキルを育ててあげましょう。日中に練習させるのです。もし赤ちゃんがぐずったら、赤ちゃんを助けるために奔走するのではなく、「だいじょうぶよ、ママはすぐに来るからね」と言い、赤ちゃんが落ち着くまで少しだけ待って、赤ちゃんの代わりに問題を解決することをやめるのです。**自分で落ち着く方法を練習すればするほど、赤ちゃんはこのスキルを早く学びます。**

私の赤ちゃんはすぐに寝てくれますが、10分か20分経過すると、ぱっちりと目を覚まして、もぞもぞと動きはじめます。何が起きているのでしょうか？

たぶん、あなたの赤ちゃんは深い眠りに落ちることができないでいるのでしょう。これを解決するには、先手を打つしかありません。赤ちゃんを寝かせてから10分後に、深い眠りに入って行くまで、鼻歌を歌いながら、シーッとやさしく声をかけるのです。

「一歩下がって、共感して、愛して、やり通す（ＨＥＬＰ）作戦」を初めて2週間ですが、結果が出ません。なぜでしょうか？

結果の出ない2週間は、とても長い時間ですよね。たぶん、タイミングを直す必要があるでしょう。あなたの赤ちゃんは疲れすぎているか、まったく眠くないタイミングでベッドに寝かされているのでしょう。**時間を決めて赤ちゃんをベッドに連れていくのではなく、赤ちゃんが疲れを見せた、そのときにベッドタイムの手順をはじめるようにしましょう。**

9ヵ月のサラ。ベビーベッドに寝かせるやいなや、がばっと起きて、柵をガタガタと揺らして、叫び散らします。

サラは怒っているみたいですね。少しの間、ガス抜きさせてあげましょう。ガス抜きに飽きて遊び出す赤ちゃんもいますが、「一歩下がって、共感して、愛して、やり通す（HELP）」が必要になるほど、ますます興奮する赤ちゃんもいます。まずは、「すぐに戻ってくるからねメソッド」を試しましょう。もし1週間経っても赤ちゃんがちゃんと眠ってくれない場合は、次のレベルに行くべきです。「やさしいけど、厳しいプラン」です。赤ちゃんには技術を磨くために1週間の時間を与えてあげましょう。もしそれでもダメなら（めったにそうはなりませんが）、「スリープフィクス」が必要になるでしょう。

8ヵ月の赤ちゃんをベッドに入れるやいなや、あの子は興奮することと遊ぶことを交互に繰り返します。これは赤ちゃんが腹を立てるまで30分ほど続き、そして、キレます。もっと遅くベッドに寝かすべきでしょうか。

赤ちゃんを寝かせる時間をずらさないでください。その30分で、赤ちゃんは自分を落ち着かせる訓練をすることができます。あなたの「一歩下がって、共感して、愛して、やり通す（HELP）」で、**80％の赤ちゃんが「朝までぐっすり睡眠プラン」開始から7日間で、ぐっすり眠るようになるのです。**

9ヵ月までのルール

去年、私は自分のオフィスでとある実験を行いました。「絶好のチャンス」が睡眠問題を直すことができるかどうかを調べたのです。健康的な睡眠習慣を確立するのは、「絶好のチャンス」が訪れているときのほうがより簡単で、それは2ヵ月から7ヵ月の間に起きます。そして睡眠問題を直すには、7ヵ月から9ヵ月の頃が楽です。その後になると、泣くことが多くなり、結果を見るまで時間が長くかかります。それでも、不可能ではありませんよ。

赤ちゃんがベビーベッドに立って落ち着かなかったらどうしたらいいですか？
すごく機嫌はいいのですが、ちっとも寝ません。

赤ちゃんが楽しんでいるのなら、それを中断させる必要はありませんよね。そのうち、赤ちゃんは寝てくれるでしょう。

忘れないで。まとめのカンニングペーパー
成長した子どもの睡眠問題の解決方法

1. **変化へのモチベーションと捉え、少しのストレスは容認する。**
赤ちゃんを思いっきり泣かせる必要はありませんが、少しぐらいのストレスはまったく問題ではありません。

2. **赤ちゃんの、変わる能力を信じる。**
成長する能力、学ぶ能力を信じるのです。

3. **正しい背景を作り上げる。**

眠りを促進するベッドタイムの条件を選ぶ。

4. **ハッピーエンドを選ぶ（最初も、途中もハッピーで）**

プロセスによい感情を持っていたら、最後までプログラムを行えるものです。

5. **「一歩下がって、共感して、愛して、やり通す（HELP）」で、眠らせる。**

月齢が上の赤ちゃんも、「一歩下がって、共感して、愛して、やり通す」ことでトレーニングできる。

6. **「すぐに戻ってくるからねメソッド」**

部屋から出て、戻ってくるまでに、だんだんと長い時間を置くようにしましょう。赤ちゃんは徐々に自分で眠りにつく方法を見つけるでしょう。

7. **フェードアウト**

時間が経過したら、かかわり合うことを減らしましょう。そして部屋からフェードアウトするのです。

そして私は、だんだんと姿を消します

このチャプターで、私はこの本を終わりにしようと思います。

だって、ハリウッド映画みたいなエンディングをみなさんにはプレゼントしたいのです。

このフレーズを使ったのにはわけがあります。私はあなたにフェードアウトすることを忘れないでいて欲しいのです。赤ちゃんの健康的な睡眠習慣がスタートしたら、赤ちゃんとのかかわりを少しずつ減らしてもいいのです。

これは、**赤ちゃんが眠りにつくことに慣れてきたら、あなたがそれまで赤ちゃんに与えてきたサポートから距離を置いてもいいという意味です。**

もしあなたが「すぐに戻ってくるからねメソッド」を使っているのなら、赤ちゃんがぐずるのをやめて、あなたが部屋に戻る前に眠りにつくまで、より長い時間をかけます。

赤ちゃんがぐずらずに長い時間眠ることができるようになったら、**今度はあなたが自分自身の面倒をみてあげる時期が来たのです。「自分の時間」は、悪い言葉ではありません。**

家の仕事は消えませんし、雑用もあるでしょう。でも、あなたの個人的な時間が常にやることリストの最後だったら、そんな時間を設けることなんてできません。たった10分間であっても、作ることができたらそれを楽しんでください。

だって、どんなママだって中身は人間でしょ。人間だったら栄養が必要ですもの。

おわりに
あなたはヒーロー！

お別れする前に、あなたに伝えたいことがあります。一番眠りたいときに、睡眠不足を我慢したあなた、本当にご苦労さま。もうあきらめようと思った瞬間もあったでしょうね。

でもね、あなたは本物のヒーローです。だって、やり遂げたんだもの。

そして今、あなたの愛情と献身が実を結びました。赤ちゃんが夜通し眠ってくれるだけでなく、ムニャムニャと話し、遊び、会う人全員のハートを盗むほどに成長したのです。

睡眠習慣を獲得できた赤ちゃんは、社交的で、好奇心旺盛で、愛嬌があって、ダイアモンドのようにキラキラ輝く人柄を持っています。それはあなたのがんばりのおかげ。胸を張っていいですよ！

お別れする前に、言わせてくださいね。私のアドバイスがあなたの心を穏やかにできていたのなら、それ以上うれしいことはありません。そして、この辛く長い旅を、ストレスなく、疲れ過ぎることなく、愛情にあふれ、安心した気持ちで終わらせることができていることを願ってやみません。

さあ、最後になりました。そろそろお休みの時間ですよ。電気を消しましょう……。

C医師

ドクター・キャサリンが
あなたの質問や不安に
答えましょう！

★息をしていないかも!?　のとき

アプニア。ギリシャ語で「無風」という意味の言葉です。アプニアとは無呼吸状態が20秒からそれ以上続く異常な呼吸状態。これは睡眠中の新生児の呼吸パターンでおきる、害のない小休止の周期的呼吸からは区別して考えられています。20秒以上停止するようであれば、アプニアは問題となります。赤ちゃんにアプニアがあると考えられる場合は、医師の診断を受けてください。

★赤ちゃん疲れ

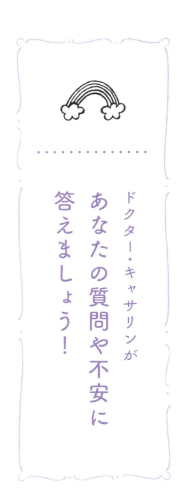

40％の新米ママたちが、出産後の数週間で、新しくママになった喜びと同時に、どうしようもない不幸せな気分に悩んでいるそうです。出産後の女性のうつ状態には3種類あると言われています。マタニティーブルー、産後うつ、産じょく期精神病（奇妙な行動、パラノイア、そして幻覚）です。マタニティーブルーはよく起きることで、出産経験者であれば誰でも感情の大きな波は経験したことがあるでしょう。高揚感を感じる半面、恐怖感にもさいなまれ、強い疲労を覚えながら気持ちは高揚し、涙もろくて、感激屋さんにもなります。相反する感情が山となって押し寄せます。深い悲しみ、混乱、不安、恐れ、孤独、そして不眠を訴える女性もいます。ありがたいことに、産じょく期精神病は、滅多に発生しません。もしあなたが、あるいはあなたが知っている方が産後うつに苦しんでいるようであれば、彼女がひとりではないこと、そして医師の助けが必要だということを教えてあげてください。

★保育士やベビーシッターへの不安

残念なことに、SIDSの20％が、保育士その他の人たちが赤ちゃんの面倒をみているときに起きます。シッターが、通常仰向けで寝ている赤ちゃんをうつぶせで寝かせた場合、SIDSのリスクが18倍から20倍になると言われています。赤ちゃんの面倒をみる人たち全員が、赤ちゃんは絶対に仰向けに寝かせなくてはならないと理解しなければなりません。

★寝かせるときは仰向けで

もっとも効果的にＳＩＤＳを防ぐためには、ベッドに背中をつけて寝かせることです。昼寝でもそうしてください。仰向けが導入されてから、年間のＳＩＤＳ発生率が50％も減少しました。保育士、祖父母、ベビーシッター、友達など、赤ちゃんの面倒をみる大人全員が、赤ちゃんはいつ何時でも、必ず仰向けで寝かさなくてはならないと理解しなければなりません。赤ちゃんが寝返りを打てるようになったら、ベッドに寝かせるときは仰向けでも、その後どの体勢で眠るのかは赤ちゃんの自由です。赤ちゃんが吐いたりしたときの窒息を心配する親御さんが多いですが、仰向けで寝かせることで誤嚥《ごえん》や窒息のリスクが高まるとした研究結果はありません。

★後頭部の髪の毛が薄くなる

仰向けに寝かせることで、赤ちゃんの後頭部の毛が一時的に薄くなることがあります。赤ちゃんが座りはじめることで、抜けた毛髪は完全に元に戻ります。

★ゆりかごについて

生まれてから数ヵ月は、一晩中手が届く範囲である自分たちのベッドの横にゆりかごを置く親御さんは多いようです。しかしながら、赤ちゃんはぐんぐん大きくなって、ゆりかごでは間に合わなくなります。1ヵ月の終わりまでには、あるいは赤ちゃんが4・5キロを超えたら、ゆりかごの使用はやめましょう。また、ゆりかごを購入する前に、その製品にリコールがあったかどうかを調べるといいでしょう。

★自分のベッドで添い寝をすることは？

メリットを議論するよりも、安全面に目を向けてみましょう。ベッドで添い寝を安全にできる10の約束です。

- ウォーターベッドには絶対に寝かさないこと。
- 添い寝用のベッドアタッチメントを使用する。
- 赤ちゃんを横に置いてカウチで寝ない。
- 赤ちゃんは一晩中おくるみで包む。
- まくら、布団を使わない。赤ちゃんが覆われてしまうような毛布などを使わない。
- あなたが隣にいようとも、仰向けで寝かす。
- 眠くなるような薬を服用しているとき、アルコールを飲んでいるときは、赤ちゃんと一緒に寝ないこと。

・添い寝のもっとも大きなリスクは、赤ちゃんが親以外と眠るときに発生する（他の子ども含む）ことを肝に銘じること。
・カーテンやブラインドからヒモが出ている場所の近くのベッドに赤ちゃんを寝かさないこと。

★ほ乳瓶はだめ？

私は母乳を支援していますが、ほ乳瓶でミルクを与えることも悪いことだとは思っていません。

★寝かしつけながらの母乳（あるいはほ乳瓶）

神は、小さな赤ちゃんを、吸うという行為で眠りにつけるように作りました。しかしながら、この習慣は２ヵ月から４ヵ月になったら、やめなければなりません。

★呼吸の音がへん？

うなる、うめく

寝ながら動くときに、声を出して、うなるクセのある赤ちゃんはいます。大丈夫。

周期性呼吸

乳幼児は、数秒の無呼吸に続く、10秒から15秒の浅速呼吸を繰り返します。永遠のように感じるかもしれませんが、その後、通常の呼吸が始まります。

キーキーとした音

気道がばたつきやすいために、呼吸時におもちゃの笛のように高いピッチのヒューヒューという音を出す赤ちゃんがいます。1歳を迎える頃にはおさまります。

鼻が詰まったような音

新生児は睡眠時、自然に鼻から呼吸するようになります。その結果として、ほこりやカビ、その他の環境刺激物を吸い込みます。それが原因で鼻腔が腫れ上がり、詰まったような音が鳴るのです。私は親御さんたちに、赤ちゃんの鼻から鼻水が流れているようであれば、風邪だと判断できると伝えています。そうでなければ、大丈夫です。

★ **ベビーベッド用の囲いパッド**

これはおすすめできません。なぜなら、囲いパッドをベッドに縛り付けておくためのヒモが、赤ちゃんの体へ絡みつくことで、窒息の恐れがあるからです。また、新生児周辺の濃い酸素の流れを遮ります。それによりＳＩＤＳの危険が高まるのです。

★カフェイン

ママの飲むコーヒーが原因で、授乳している赤ちゃんに影響が出ることはありませんが、敏感な赤ちゃんは元気が出て落ち着くのに苦労することがあります。１日中コーヒーを避ける必要はありませんが、夜は控えたほうがいいかもしれません。

★風邪

風邪を引いた赤ちゃんはだるそうで、眠ることもあまりできていないでしょう。赤ちゃんにとって風邪は大変なこと。なぜなら、鼻から息を吸うことができないし、鼻をかむこともできません。残念ですが具合の悪い赤ちゃんは以前の睡眠習慣に戻りがちです。

★夜泣き

新しい世界に出てきたばかりの赤ちゃんの中には混乱した子もいて、落ち着くこと

もし赤ちゃんがこんな状態だったら医師の診察を受けてください

新生児から4ヵ月の赤ちゃん

・熱がある。
・咳をしている、むせている、嘔吐している。
・あまりミルクを飲まない、おしっこの量が減っている。
・症状が続いている、あるいは悪化している。説明
・呼吸が浅い、速い、あるいは苦しそう。ゼイゼイ、ヒューヒューといった音が聞こえる。
・あなたに不安感がある。

4ヵ月から1歳の赤ちゃん

・48時間以上熱が出ている。
・咳をしている、むせている、嘔吐している。
・だっこしても機嫌が悪い、だるそう、泣きやまない。
・1週間以上風邪の症状が続いている、症状が悪化している。
・呼吸が速い、あるいは苦しそう。ゼイゼイ、ヒューヒューといった音が聞こえる。
・あなたに不安感がある。

ができない場合があります。約5％の赤ちゃんが大きめのホワイトノイズが必要だとされていて、絶えず動き回ります。そういう子には、だっこして眠らせるのが効果的です。夜泣きする赤ちゃんのご両親は、とてもフラストレーションがたまりますし、疲れも感じるとは思います。疲れ切った状態の赤ちゃんが、リズム、感情、自分の周囲の世界の感覚になれるまで3ヵ月ほどかかるといわれています。とりあえず今のところは、以下の方法で赤ちゃんを眠らせてみましょう。

・乳幼児の中には眠るときにノイズが必要な子もいます。ラジオのノイズを聞かせてみましょう。大きな音で聞かせてみてください。食洗機、掃除機、それからホワイトノイズを出す機器も効果的なホワイトノイズを出してくれます。

・車で外に連れ出す代わりに、スイングチェアに乗せてみましょう。これが依存になるのではと心配する親御さんがいますが、そうはなりません。

・おくるみは赤ちゃんに子宮の中で体験した感覚を思い起こさせます。チャプター3を開いて、赤ちゃんの包み方を思い出して。

★泣くこと

赤ちゃんはあなたに泣いている理由を教えることはできません。なぜなら赤ちゃん自身も理由がわからないからです。ただ、なんだか悲しいということは理解しています。人生がはじまって最初の数週間、そして「絶好のチャンス」が始まるまで、泣くことの意味を解釈するのは難しいのです。**赤ちゃんが泣いている意味を理解できなくても、フラストレーションを感じないでください。**フィンランドの研究者は、赤ちゃん担当の看護師たちに、お腹を空かせている声、居心地の悪いときの泣き声、喜んでいるときの声などを録音して聞かせ、なぜ赤ちゃんが泣いているか、理由を尋ねたところ、50%しか正しい答えを出せなかったそうです。プロが完璧に赤ちゃんの心を読めないのですから、あなたに読めるわけがないのです。3ヵ月になると、赤ちゃんは閉じこもっていた殻をやぶって出てきます。赤ちゃんは違う泣き声を出して、違う感情を表現するようになるでしょう。そしてうれしいことに、それはとてもわかりやすいのです（赤ちゃんの泣き声を判断する機械が売り出されているようですが、あれはとってもおかしな商品ですよね。お金は貯金して。あなたの直感を信じましょう）。

★脱水

「眠っている赤ちゃんは決して起こすな」という言葉はよく聞くでしょうが、出産後

48時間は例外です。**赤ちゃんは生まれた直後の数日間で水分を体から出してしまうため、簡単に脱水状態になります。**新生児には頻繁にミルクを与え、必要であれば長時間眠っている赤ちゃんを起こしていいでしょう。出産時の体重や、その後の体重の減り方、全体状態を判断して、医師がミルクの回数や頻度は指導してくれるでしょう。

★おむつ

生後1ヵ月になるまで、赤ちゃんは胃結腸反射をします。これは、ミルクを与えられる度にうんちをするという意味です。しかしこの時期を過ぎると、うんちの回数は減り、夜に何度もおむつを変える必要がなくなります。吸収力の高いおむつを使って、かぶれないようにスキンクリームをたっぷり塗ってあげましょう。そしてあなたもぐっすり眠りましょうね。

★耳の痛み

赤ちゃんがなかなか眠ってくれないと、親は耳の感染を疑うものです。私は「昼間の赤ちゃんはハッピーですか？」と質問をします。答えがイエスだったら、問題の根底に中耳炎はないだろうと推測できます。耳に問題があるないにかかわらず、耳の痛みのスイッチをオンオフすることはできません。**耳の痛みは、体を横たえると強くな**

るというのはその通りですが、痛まない時間があるのは不自然です。しかしながら、もし心配であったら医師の診断を受けましょう。

★早朝の覚醒

朝早く赤ちゃんが起きた場合も、赤ちゃん用ベッドの中で遊ばせてあげることで、あなたも少しは睡眠時間が延ばせるかもしれません。朝早くに起きてしまった赤ちゃんに会いに行く時間を遅らせることで、赤ちゃんはひとり遊びをするでしょう。

★白目

眠っている新生児が白目になることがあります。また、目を開けたまま眠る子もいますよ。これは、赤ちゃんの目の筋肉が未発達で、まだ弱いからです。大丈夫。

★熱

熱のある赤ちゃんは、補給の水分と、だっこと、慰めが必要です。日中にミルクをあまり飲めなかった場合は特に、夜間は数時間おきに授乳しなければならないでしょう。もちろん、回復するまでは、赤ちゃんの落ち着きや元気さが最優先課題です（熱については医師と相談してください。どう対応すればいいかがわかります）。

★平らにしたくない後頭部

ＳＩＤＳの予防になるとはいえ、仰向けで寝かせると赤ちゃんの後頭部が平らになることがあります。これは脳に影響は及ぼしませんが、見た目には影響が出ます。頭蓋骨が平らになることを防ぐには、赤ちゃんの頭の位置や体勢を１日中変えてあげることです。はっきりと目が覚めているときには、腹ばいにしてあげてもいいでしょう。赤ちゃんをベッドに寝かせるときに、数週間おきに向きを変えてもいいでしょう。ベッドの片側を楽しくしておき、反対側を何もない状態にしておくことも効果があります。赤ちゃんが自分で頭の向きを変えますから。

★乳幼児用ミルクで眠る？

母乳を与えているママに、「乳児用ミルクを寝る前に与えればもっと眠ってくれるでしょうか」と質問されるときがあります。６ヵ月になると（あるいはもう少し早い段階でも）、赤ちゃんのほとんどが、眠りに落ちるスキルが足りないために夜中に目を覚まします。空腹だからではないのです。残念ながら、ベッドタイムのほ乳瓶とか、それに類似したもので赤ちゃんの睡眠時間を伸ばすことはできません。

★とにかくうるさい赤ちゃんは1週間みて

うるさい赤ちゃんは、睡眠やミルクの習慣が予想しにくいため、寝かしつけも一苦労です。あなたの赤ちゃんがベッドタイムや昼寝の時間が決まらないようなら、1週間かけて、赤ちゃんのことを、しっかりと観察してみてください。そして疲れのサインを見せた瞬間を記録するのです。とてもうるさくなったり、調整ができなくなったり、まぶたが下がったり、あくびをしたり、エンドレスにミルクを飲みたがったり、激しくミルクを欲しがるのは、すべて疲れのサインです。このようなサインとパターンをしっかり記録しておきましょう。

★ガジェット（便利な小道具や仕かけ）は本当に必要？

子育ては本当に大変だと言われますが、何が大変って乳幼児を喜ばせることほど大変なことはありません。でも、本当に全部必要？　たくさん買う前に、どれが役に立って、どれが使えそうか、そしてどれが邪魔になるか、ちょっと考えてみましょう。

・ベビーモニター

ベビーモニターは安心をもたらしてくれます。そして、モニターには声を出す機能がついていますので、赤ちゃんの部屋に行くことなく、赤ちゃんに声を

かけられるのです。そして離れた場所からマットレスを震動させる機能が付いているものもあります。

・電池式スイングチェア

新生児は、母親に睡眠が必要なように、動きを必要としています。ベッドタイムの前に揺らしてあげることで、リラックスすることができます。

・バウンサー（ベビービョルン社のものなど）

赤ちゃんを寝かせておける場所がいつもあるのはいいことです。でも、そのバウンスサーはベッドではありませんよ。

・オルゴールメリー、ベッドメリー

新生児は20センチから30センチの距離のものを見ることができます。そうと考えると、メリーはおぼろげな世界に落ち着きを与えるでしょう。視線を集中させることは赤ちゃんを落ち着かせ、眠りに誘います。しかしながら、こういったグッズは赤ちゃんが手を伸ばせるようになったら、撤去すべきだということを覚えておいてください。もうひとつ注意すべきことがあります。赤ちゃ

んが眠るときに音楽が鳴るグッズを使わないでください。これは悪習慣となって、後日正す必要が出てくるからです。

・調光器

赤ちゃんが日中と夜の区別をつけることに役立つようなグッズはすばらしいですね。調光器を使えば、夜中でも赤ちゃんに起きる時間だと思わせずに部屋の中を見渡すことができて便利です。

・動くゆりかご

より自然に動かすためにバネを利用した電動式ゆりかごは小さな赤ちゃんをよく眠らせてくれます。特に、この世に生まれてきて最初の1ヵ月の赤ちゃんが、子宮環境を求めるときにはそうです。「絶好のチャンス」が一旦始まってしまえば、こういったアイテムはリラックスするために使いましょう。眠るためのものではありません。

・寝返り防止クッション

この商品にかんする安全性は確認されていません。私はおすすめしません。

・チャックのついたスリーパー
かわいいですが、必要でしょうか？
あなたがそれで安心できるようだったら使用してください。

★ガスについて

あなたの赤ちゃんが夜中に起きるのは、お腹にガスが溜まって痛いからでしょうか？　ガスがお腹に溜まりやすくなる、おもな3つのシチュエーションです。

（1）ミルクを飲んでいるとき、泣いているときに空気を吸い込んでいる。
（2）消化不良（乳糖不耐症、あるいは牛乳タンパク質アレルギー）
（3）消化が行われた結果

現実的には、ガスが溜まるのではなくて、夜中に起きてしまう赤ちゃんのほとんどが眠る技術を十分持っていないからなのです。

次に、ガスが理由で赤ちゃんが眠れていないのかどうかを判断するときに、赤ちゃんの親御さんたちに聞く3つの質問です。

Q1　日中にもガスが原因と思われる痛みがありますか？
もしないなら、ガスが溜まりすぎて夜中に起きているのではないようです。

Q2　だっこしたら落ち着きますか？
イエスであれば、赤ちゃんはガスに苦しんでいるわけではないようです。

Q3　ガスを出す薬で症状はよくなりましたか？
イエスであれば、赤ちゃんはガスが溜まって苦しんでいたのでしょう。

赤ちゃんがむずかっているときは、必ずどこかが痛んでいるように見えるため、大人は混乱します。足を蹴って背中を反らせて、顔は真っ赤。小さな赤ちゃんのお腹のガスは2ヵ月頃になると自然に消滅していく問題です。ガスが赤ちゃんを起こしているのではないとはいえ、赤ちゃんのお腹をなだめる方法を記します。

・ゲップをさせる
いくつかトライしてみてください。私が一番おすすめしているゲップの方法は、これです。赤ちゃんを抱きあげ、膝に載せます。顔をあなたと反対のほうを向かせます。手で赤ちゃんの顎を支えます。もう片方の手で背中をやさしく触ります。上、下と、赤ちゃんがゲップするまで続けます。

・授乳のスピードを遅くする

授乳中に休憩を取り、ゲップをさせるとガスが減ります。

・ガスを出す薬

薬局で購入できるこういった薬には、ガスを出す効果はないという研究結果が出ています。しかしながら、この薬を信頼している親は多いようです。

★予防接種

予防接種を受けることでＳＩＤＳのリスクが高まるかどうかについて米国医学研究会が調査し、ワクチン接種とＳＩＤＳの間には、明確な因果関係は認められないと結論づけました。一方、予防接種後の24時間から48時間に、赤ちゃんの機嫌が悪くなったり、興奮したり、体調を崩すことがあります。この期間は、赤ちゃんの体調を気にかけてあげることが大切です。しばらくしたら、ふたたび睡眠のトレーニングに戻ります。

★寝る前15分のマッサージ

赤ちゃんに対するマッサージと、睡眠に与える影響に関して、信用できる研究を見つけるのは難しいですが、最近の文献が示すところによると、ベッドタイムの前に15分マッサージされた赤ちゃんには睡眠の問題が他の赤ちゃんに比べて少なかったそうです。（マッサージの項目のページ数　の説明を参考にして、寝る前に赤ちゃんをマッサージしてあげてください）。

★牛乳アレルギー

あまりよく寝ないからと、赤ちゃんが食物アレルギーを持っているのではと疑う親御さんは多くいます。７％ほどの赤ちゃんが牛乳や牛乳を原材料として製造された液体ミルクの中に入っているプロテインに対してアレルギーを持っています。免疫システムがそのプロテインを攻撃して、直後、あるいは少し時間が経過してからアレルギーの症状が現れます。直後のアレルギー症状は突然現れ、ゼイゼイとした呼吸、嘔吐、じんましん、意識を失う（アナフィラキシー）こともあります。より一般的なアレルギー症状はしばらく時間が経過してから現れるもので、そう症状も強くありません。便が柔らかくなったり（血液が混ざることもある）、怒りっぽくなったり、ガスが溜まったり、体重が増えないということもあります（しかし、怒りっぽくなること自体は牛乳アレルギーを意味してはいませんよ！）。何かを与えた直後に突然発生する食物アレルギーを持つ赤ちゃんは診断が容易です。時間が経過してからのアレルギー症状ははっきりとしていないため、その他の健康上の問題と混同されがちです。牛乳のプロテインアレルギーと診断された赤ちゃんは豆乳ベース、あるいは低刺激性の液体ミルクに変更しましょう。それで症状はおさまるでしょう（牛乳アレルギーの赤ちゃんの8％から15％は大豆にもアレルギーを持っていることを留意してください）。時間が経過してから症状が出る牛乳アレルギーは赤ちゃんが2歳になる頃には克服することがほとんどです。

こんな症状があったら病院へ

・ミルクを与えた後、じんましんが出たり嘔吐した。
・体重のあきらかな減少。
・便に血が混ざる。
・イライラしている、ガスが大量に出る。
・右に記した症状が出て、眠りも浅い。

★誤解

赤ちゃんの眠りの習慣が変わったのは、体調が変わったせいだと思われる親御さんは多いです。ここに主な健康にまつわる誤解を紹介します。

・「寝かせたときに赤ちゃんが泣くのは、たぶん中耳炎だからだ」

私の経験では、抱っこすれば泣き止む赤ちゃんは、耳に痛みを感じていないと思います。

・「赤ちゃんが自分の耳を引っ張る。痛んでいるに違いない」

今まで中耳炎を経験していない赤ちゃんで、普段は機嫌がよい場合は、歯が生えてきているか耳で遊んでいるのでしょう。

・「ガスが溜まる赤ちゃんはミルクを変えたほうがいい」

赤ちゃんの機嫌がよくて、体重もふえているようだったら、変更する必要はないでしょう。どんな液体ミルクを飲ませようとも、空気も一緒に飲み込んでしまうという問題は解決できません。しかしながら、空気を飲み込まずにミルクを飲むことができるシステムに変更するということを考える価値はあります。

・「赤ちゃんがいびきをかくのは、扁桃腺が腫れているからだ」

小さな赤ちゃんは鼻で呼吸するのを好みます。特に夜間はそうです。赤ちゃんの小さい鼻腔が炎症を起こすと、強く呼吸することになり、その音がいびきに似ているのです。扁桃腺は生まれて1年ぐらいの間に問題になることは少ないです。問題となるには、小さすぎるからです。

・「どこかが痛いか、お腹が空いているはず。そうでなければ目覚めるはずはない」

もうご存じですよね。赤ちゃんが夜中に起きるのは、一時的な覚醒があるからで、泣くのは眠りに戻る方法を知らないからだって。

・「赤ちゃんが何でもかじってしまいます。歯が生えてきてるのね」

歯が生え始めていることは問題ではありません。赤ちゃんは自分の周辺の環境を探索するために、自分の拳など、ありとあらゆるものを口に入れます。

★ベッドにつける動くおもちゃ（ベッドメリー）

赤ちゃんはベッドメリーが大好きです。ショップで販売されている商品は、ヒモの長さが50センチ以下という安全基準をクリアしています。その長さであれば、ヒモがからまり、首が絞まるリスクを回避できます。しかしながら、赤ちゃん用ベッド専用でない古いタイプのおもちゃ、または手作りのおもちゃには気をつけてください。安全の理由から、赤ちゃんが座る頃にはおもちゃは撤去したほうがいいでしょう。できれば、「絶好のチャンス」が訪れたら、赤ちゃんがそれに依存する前に、おもちゃはベッドから外してください。

★ペット

赤ちゃんが生まれると、ペットが多少やきもちを焼くかもしれません。どんなに従順でやさしいペットでも、赤ちゃんの寝室に入れることはしないようにしましょう。また、ベビーベッドにも入れてはいけません。ベビーサークル、揺れるイス、そしてカーシートに一緒に乗せることもしないようにしましょう。

★まくら

乳幼児にまくらはいりません。たとえそれが薄く小さいものでも、赤ちゃんが風邪を引いていたとしても、頭をあげるべきではありません。添い寝している赤ちゃんは、まくら、毛布、そして掛け布団から離した位置で眠るべきです。

★未熟児

医師から指示が出るまで、未熟児の赤ちゃんは夜通し眠らせるべきではありません。でもそれは、よい睡眠習慣を早くから教えることはできないという意味ではありません。眠りに落ちる方法を学ぶというのは、発達の試金石のようなものです。修正月齢の2ヵ月目から練習をスタートさせることができます。

★静かにする

「絶好のチャンス」が始まる前の赤ちゃんは、田舎の図書館というよりもニューヨークのど真ん中のほうがよく眠ることができるようです。しかしながら、2ヵ月頃になり、睡眠の窓が大きく開いてくると、家庭での生活音が眠っている赤ちゃんの好奇心を呼び覚まして、浅い眠りから覚めてしまうかもしれません。睡眠を邪魔するものを避けるには、ホワイトノイズを使用して家庭の音をかき消すのが一番いいでしょう。

★元に戻る

病気にかかったり、ワクチンを打った後に、今までは一晩中眠っていた赤ちゃんが寝なくなったというのがもっともよく聞く嘆きの声です。私のところに来ているご家族にはこうお伝えしています。もし赤ちゃんがよい習慣を忘れてしまったとしたら、赤ちゃんに思い出させてあげるのが一番よ！　って。

★寝返り

数ヵ月間仰向けに眠りつづけた赤ちゃん。ついにそのポジションを選ぶことができない時期になりました。ありがたいことに、寝返りは通常ＳＤＩＳの発生が減る時期

から始まります。まくらなどを使って、赤ちゃんを無理に仰向けに寝かさないようにしてください。仰向けに寝かされた後に寝返りが打て、腹ばいになれるようになった赤ちゃんにとっては、どんなポーズで眠ろうとも安全です（興味深いことにほとんどの赤ちゃんが7ヵ月の頃に寝返りを打ち始め、それができるようになっても仰向けに寝ているのです）。

★ねまき

救急治療室での治療が必要となる熱傷は毎年200から300件ほど発生しますが、その原因の多くが適切でないねまきの着用です。赤ちゃんが動き回るようになったら、体にフィットしておらず、耐火性のないパジャマを着用させることが必要です。ろうそくやストーブ、バーナーはリスクを高めます。どんな月齢の赤ちゃんであっても耐火性のある布のねまきを着用させるべきだと推奨しています（注意：洗濯時の注意事項をよく読んで、耐火性を保つようにしましょう）。

★喫煙

妊娠期間に喫煙をした人は、赤ちゃんのSIDS発生リスクを3倍にしています。そして副流煙を吸う赤ちゃんは、吸わない赤ちゃんよりリスクは2・5倍です。また、書く必要がありますか？

★ソファで寝ること

赤ちゃんは普通のソファ、あるいはソファーベッドで寝かせないこと。ＳＩＤＳのリスクを高めます。

★雑穀食について

寝る前に雑穀を与えると赤ちゃんがよく眠るというのは理論的と思われるかもしれませんが、そうではないことを研究結果が示しています。クリーブランドで行われた研究では、１０６人の赤ちゃんが２つのグループに分けられ、５週間目から寝る前に雑穀を与えはじめた赤ちゃんと、４ヵ月になってから与えはじめた赤ちゃんでテストが行われました。

両親には睡眠時間の記録を取ってもらいます。その結果を研究者たちが調べた結果、どちらのグループでも睡眠習慣の改善は認められませんでした。実際のところ、これは当然のことでしょう。だって、赤ちゃんが目覚めるのは、夜中の一時的な覚醒から眠りに戻ることができていないのが原因なのですから。

★歯が生える

親御さんが誤解することの筆頭にあるのが、歯が生えかけていることを、すべての責任にすることです。それには睡眠問題も含まれます。実際には、痛みがなく歯の生えることを経験できる赤ちゃんもいれば、歯ぐきに痛みを感じる子もいます。日中は、赤ちゃんにとって痛みから気を紛らわすことは簡単ですが、夜になると、ひとりで赤ちゃん用ベッドに寝ている赤ちゃんは、歯ぐきに痛みを感じたらそれに圧倒されるでしょう。

歯ぐきの痛みから赤ちゃんを解放し、眠りにつけるようにするには、圧を加えて冷やすようにしましょう。たとえば、やさしく赤ちゃんの歯のあたりを指でマッサージしてあげるのです。できたら、冷凍したバナナとか冷たいタオルなどでやってあげましょう。以下の項目に当てはまれば、赤ちゃんには歯が生えてきているでしょう。

・歯ぐきが腫れている——生えはじめの歯は見ればすぐにわかります。真ん中の下の歯が通常は一番に生えてくる歯です。
・よだれが出る——いつもよりよだれが出ている。
・機嫌が悪い——とても機嫌が悪く、落ち着かせるのに苦労する。
・夜に目を覚ます——夜中に目を覚ましてしまう。歯が生えてきている以外の理由が考えられない。

・噛む――なんにでも噛みつく。

・食べているものの変化、うんちの変化――いつもよりはミルクやうんちのパターンが違うかもしれません。固形物に興味を失う子もいれば、飲むのを拒否する子も。歯が生えているときのうんちは柔らかいという親御さんが多いです。

赤ちゃんがおとなしくならない、あるいは熱があるようでしたら病院に行きましょう。決して歯固めを首の周辺に巻かないようにしてください。

★双子

1台のベビーベッドに2人で寝かせてないですよね？　**絶対に、やめてください！**

★職場復帰

ママが職場復帰した途端に悪い睡眠習慣が戻ってきてしまう赤ちゃんがいます。何度も目を覚まし、まるで「ねえママ！　さびしいよ！　もっと一緒にいようよ！」と訴えているかのようです。そして多くのママたちが罪悪感を抱いて、赤ちゃんにつきあって夜中に起きてあげようなんて思ってしまうのです。残念なことに、これで睡眠ゼロのスロープを滑り落ちていくことになります。しかし、別の選択肢もあります。**ママが職場復帰するときは、赤ちゃんが夜中に起きることが増えると一旦覚悟を決めるのです。**そして、特別な安心感やだっこを与えられるように、そして赤ちゃんをなだめるて、寝かしつけるための準備を整えるのです。

★ゾンビ

「疲れすぎて何も考えられない」。もしこれがあなただったら、睡眠不足が問題のすべてです。睡眠が足りていないということは、赤ちゃんも同じことなのです。「朝までぐっすり睡眠プラン」で、あなたも赤ちゃんも、必要なだけ眠ることができるようになりますよ。

訳者あとがき

大切な赤ちゃんを育てているあなたへ

本書を手にとってくださったあなたは、きっと今、とても大変な時期を過ごしておられるのでしょう。赤ちゃんの夜泣きがひどくて、ヘトヘトになって疲れ切っていませんか？　もしかして昨夜もあまり眠ることができなかったのではないでしょうか。今もページをめくりながら、思わずあくびが出てしまった人はいませんか？　もし疲れを感じているのなら、一旦本を閉じて、数分でもいいから、ゆっくりと体を休めてくださいね。大丈夫、本は逃げていきませんから。

もしかしたら、これからママやパパになる人が読んでくれているのかもしれません。新米のおじいちゃんとおばあちゃんかもしれません。赤ちゃんが産まれてくるのを待ちわびる気持ちと、夜泣きしたらどうしようという、心配で不安な気持ちを抱えていませんか？

赤ちゃんって、本当にすごいですよね。

あんなに小さな体なのに、すごく大きな存在感があります。それこそ、何人もの大人を振り回してしまうほどのパワーです。でもそれだからこそ、たっぷりの愛情を注ぎ、大切に育むことで、大きな成長へのステップアップにもつながると私は思うのです。

赤ちゃんの夜泣きがひどくて、自分も眠ることができないというつらい時期は、心もふさぎがちになるし、世の中から置き去りにされてしまった寂しさのようなものを感じることがあります。なぜこんなにがんばっているのに赤ちゃんは泣いてしまうのか、なぜこれだけつらいのに家族は理解してくれないのか、なぜ、なぜ……という気持ちで心が占領されてしまうときもあるでしょう。その気持ちは、とてもよくわかります。実は私にもそんな経験があります。

私には双子の息子がいます。初めての出産でいきなりの双子妊娠で、妊娠中からドタバタな毎日でした。双子の妊娠は、まずは無事に産むことが目標ですから、それから先のことは家族みんなで乗り越えればいいと考えていました。先輩の双子ママに聞けば聞くほど、その育児は大変なものだとわかりました。それでも、私だったら絶対に大丈夫という根拠のない自信がありました。私だったら、双子育児だってなんとか乗り切ることができるだろうと思っていたのです。なぜなら、体力には自信がありましたから。それまでは仕事で徹夜することも頻繁にありましたし、妊娠直前までフルタイムで働きながら、夜中に翻訳の仕事をするような生活を長く送っていました。多少であれば無理が利くことはわかっていましたから、私だったらできるはずと思い込んでいたのです。でもフタを開けてみたら、状況がまったく違っていたことは、これをお読みのみなさんだったら、きっとわかってくださると思います。

私が一番悩んでいた時期に知りたかったのは、あっという間に寝かしつけることができる魔法でした。そして同時に、赤ちゃんが1分でも長く寝つづけてくれる方法を探していました。時間が経てば赤ちゃんだって成長して、長く眠るようになるとは理解できても、それまで待つことなんて不可能に思えたのです。

本書で著者のキャサリン・トビン医師が推奨する「朝までぐっすり睡眠プラン」には、3つのステップがあります。1つめは、「絶好のチャンス」を利用すること、2つめは、〝気持ちいい〟ベッドタイムをつくること、3つめは、赤ちゃんをうっとりと喜ばせてあげて、眠りに誘う方法です。そしてそれぞれのステップを進んでいく過程でできる、さまざまな工夫や、役に立つ情報が、この本には書かれています。とても明るく、楽しい内容ですので、疲れたときの気分転換にもなると思います。たとえ7日間で「朝までぐっすり睡眠プラン」がうまくいかなかったとしても、今までよりはスムーズに寝てくれる日がきっと来るはずです。

あれだけ夜泣きして私を困らせた息子たちは、すでに小学校の高学年になりました。今となっては、毎朝起こすのに苦労するほどぐっすり寝てくれています。身のまわりのことはほとんど自分でできますし、立派な話し相手になってくれるほど精神的にも成長しました。大変な時期は確かにありましたが、今、思うのは、子どもって本当に大切な存在だということ。あきらめずに子育てを続けてよかったと思いますし、無事に成長してくれた息子たちにも感謝しています。

大切な赤ちゃんを育てているあなたへ

子育てをつらいと感じることがあるかもしれませんが（いや、確実にありますよね）、その先にはきっと楽しい時間が待ってくれていると思います。小さな積み重ねが、やがて大きなステップアップに繋がることを祈っています。どうか明るく、前向きに乗り切ってくださいね。そして、折りに触れ、本書を開いて読んでくださったのならば、訳者としてこれほど幸せなことはありません。

最後に、お願いです。

赤ちゃんが眠ってくれることも大切ですが、なにより、赤ちゃんを育てているあなたが眠らなくてはいけません。時間を見つけて眠ること、育児から少し離れてリフレッシュすることに、罪悪感を持たないでください。大切な赤ちゃんが頼りにしているのは、あなたなのですから。

毎日、赤ちゃんのお世話をしているみなさん、本当におつかれさまです。著者のキャサリン・トビン医師が書いたように、あなたは「本物のヒーロー」だと、私も思います。

村井理子

著者

キャサリン・トビン

小児科医であり助産師で、4人の母。この分野では25年のキャリアを持つ。

医師として、全米で毎年14000件ものコンサルティング業務を行っている。世界的に有名なトロント小児病院で研修を積んだ。本書はニューヨークタイムズ、ワシントンポストなどにとり上げられた。

訳者

村井理子（むらいりこ）

翻訳家、エッセイスト、ファーストレディ研究家。訳書に『ブッシュ妄言録』（二見書房）、『ローラ・ブッシュ自伝』（中央公論新社）、『ゼロからトースターを作ってみた結果』（新潮社）、『ダメ女たちの人生を変えた奇跡の料理教室』（きこ書房）など。著書に『村井さんちのぎゅうぎゅう焼き』（KADOKAWA）。連載に、『毎小コラージュ川柳』（毎日小学生新聞）、『村井さんちの田舎ごはん』（コスモポリタン）、『村井さんちの生活』（新潮社「Webでも考える人！」）。

7日間《かかん》で完結《かんけつ》！

赤《あか》ちゃんとママのための「朝《あさ》までぐっすり睡眠《すいみん》プラン」

2017年3月25日　第1刷発行

著者　キャサリン・トビン

訳者　村井理子

発行者　佐藤靖

発行所　大和書房《だいわしょぼう》

東京都文京区関口1－33－4

電話　03－3203－4511

ブックデザイン　吉村亮　大橋千恵　眞柄花穂

カバー印刷　歩プロセス

本文印刷　信毎書籍印刷

製本所　ナショナル製本

ISBN978-4-479-78367-1

http://www.daiwashobo.co.jp